18654

NOUVELLES

TABLETTES CHRONOLOGIQUES.

MÉTHODE MNÉMONIQUE POLONAISE,

PERFECTIONNÉE A PARIS.

Cours pour les Jeunes Personnes, dirigés par Mmes CLAIR, et autorisés par M. le Ministre de l'Instruction publique.

> Chronologie.
> Histoire.
> Mythologie.
> Grammaire française.
> Littérature.
> Calcul.
> Physique.
> Géographie.
> Anglais.

Ce dernier cours est fait par une dame anglaise.

Ces Cours ont lieu deux fois par semaine, le mardi et le samedi, de midi à 5 heures.

Le prix d'un seul Cours est de 10 francs par mois. En payant 20 francs, on peut suivre tous les Cours qui se font dans l'Établissement.

On trouve chez Mmes CLAIR, *rue Saint-Honoré*, 343 :

Grammaire française adoptée par la Société littéraire pour la propagation de la Méthode polonaise, par Mmes CLAIR, 1 vol. in-8º, 3 fr.

Notices sur les *Littérateurs français* les plus célèbres des 15º, 16º, 17º, 18º siècles, 1 vol. in-8, 1 fr.

NOUVELLES
TABLETTES CHRONOLOGIQUES

DE

L'HISTOIRE UNIVERSELLE

ANCIENNE ET MODERNE

RÉDIGÉES

Par Félix ANSART,

Professeur au Collége Royal de Saint-Louis ;

Pour servir à l'étude de la Chronologie en général, et spécialement pour faciliter l'enseignement de cette science

par la Méthode mnémonique polonaise,

Précédées d'un Exposé de cette Méthode

Par Mlles CLAIR,

Institutrices.

Prix : 3 francs.

PARIS

CHEZ L'AUTEUR, RUE DE LA HARPE, N° 102 ;

CHEZ Mlles CLAIR, INSTITUTRICES,

RUE SAINT-HONORÉ, N° 343 ;

ET CHEZ LES PRINCIPAUX LIBRAIRES.

1842

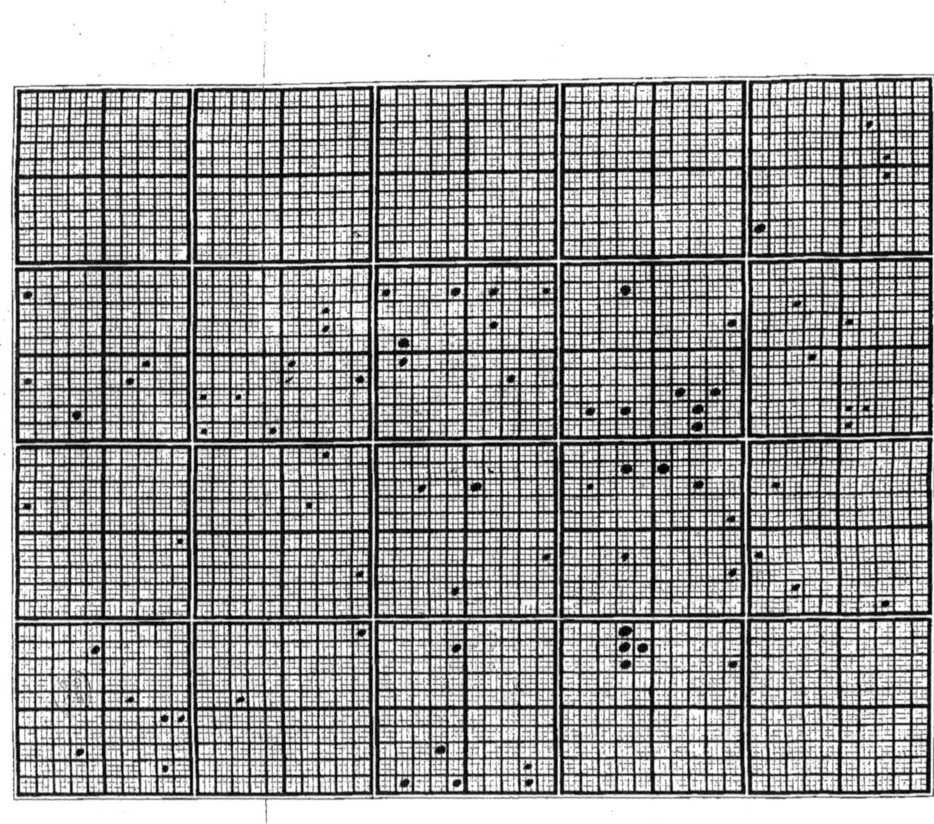

AVERTISSEMENT.

Le temps et les progrès de la science ont rendu plus qu'incomplètes les excellentes *Tablettes chronologiques* de l'abbé Lenglet-Dufresnoy. Nul cependant n'a entrepris jusqu'ici de compléter cet utile ouvrage, et le peu d'étendue du volume que nous publions suffit pour montrer que nous n'avons pas songé non plus à nous charger d'une tâche aussi longue et aussi difficile. Mais, en attendant que d'autres plus hardis et plus habiles s'y dévouent, nous avons composé ce petit traité de chronologie dans le but de répondre aux désirs de personnes auxquelles leur zèle pour l'enseignement de cette science donnait le droit de réclamer la rédaction d'un ouvrage élémentaire sur cette partie si importante des études historiques. Nous exposerons d'ailleurs mieux un peu plus bas les motifs qui nous ont déterminé à publier ces tablettes dont nous allons d'abord exposer le plan.

Il se compose de deux parties distinctes.

La première offre la série chronologique des souverains qui ont régné dans les principaux États de l'Europe depuis le commencement de l'ère chrétienne. Quatre de ces listes chronologiques, celle des papes, celle des empereurs romains et de leurs successeurs réels ou prétendus, les empereurs d'Occident, les rois d'Italie et les empereurs d'Allemagne, celle des rois de France et celle des rois d'Angleterre, nous ont paru devoir être présentées en regard les unes des autres ou synchroniquement, afin de faire mieux saisir les rapports continuels que ces divers princes ont eus entre eux. Les nomenclatures des souverains des autres États ont été placées ensuite dans l'ordre alphabétique des noms de ces États. Nous n'avons pas cru devoir étendre ces nomenclatures à l'histoire ancienne. Les noms de ceux des souverains des anciennes monarchies qui ont mérité de vivre dans la mémoire des hommes se trouvent rappelés dans la seconde partie de cet ouvrage. Les personnes qui désirent les connaître tous pourront consulter le *Manuel de chronologie* de notre collègue M. Sédillot.

La seconde partie présente la série chronologique des principaux événements de l'histoire universelle depuis la Création jusqu'à nos jours. Cette partie, extraite presque en totalité du grand *Atlas historique* publié par M. Le Bas, membre de l'Institut, et par nous, est divisée en neuf livres embrassant successivement l'Histoire sainte, l'Histoire ancienne de l'Asie et de l'Afrique, l'Histoire grecque, l'Histoire romaine, l'Histoire de l'Église, l'Histoire du moyen-âge, l'Histoire moderne, l'Histoire de France et enfin l'Histoire d'Angleterre. En nous bornant aux faits les plus importants de chacune de ces histoires, nous nous sommes efforcé de ne rien omettre d'essentiel, et nous avons apporté la plus grande attention à la correction des dates, toujours si difficile à obtenir dans un ouvrage de ce genre.

Il nous reste à expliquer quelles circonstances particulières donnent à notre publication une sorte d'à-propos.

L'étude de la chronologie, si négligée jusqu'ici surtout à cause de son aridité et du dégoût presque insurmontable qu'elle inspire à ceux qui veulent s'en occuper, vient d'être mise à la portée même des plus jeunes intelligences par une méthode qui permet d'apprendre en quelques leçons de longues séries de dates, de noms et de faits, et qui les grave dans l'esprit d'une manière ineffaçable. Nous laisserons aux habiles institutrices qui ont mis en pratique avec le plus de succès la *Méthode mnémonique polonaise*, inventée par M. Jazwinski, le soin d'exposer ce procédé aussi simple qu'ingénieux. Nous nous bornerons à dire que le soin tout particulier avec lequel nous avons, depuis plusieurs années, suivi l'application de cette méthode, nous a convaincu des avantages incontestables qu'elle présente. Cette conviction, déjà partagée par un grand nombre de personnes dont les noms font autorité dans le monde savant, le sera, nous n'en doutons pas, par toutes celles qui prendront la peine d'aller examiner les résultats obtenus par la méthode polonaise dans un des établissements où elle est mise en pratique, et particulièrement chez mesdames Clair, qui l'ont appliquée avec succès à presque toutes les études qu'embrasse l'éducation des jeunes personnes.

Ajoutons que bientôt les bienfaits de cette précieuse découverte ne resteront pas confinés dans un petit nombre d'écoles. Le comité supérieur de l'instruction primaire du département de la Seine, frappé des avantages que présente la méthode mnémonique polonaise, a décidé qu'elle serait introduite dans toutes les écoles, et les heureux résultats, essais tentés en ce moment pour réaliser une aussi utile innovation, ne laissent aucun doute sur le développement qu'est appelée à recevoir prochainement cette ingénieuse méthode.

EXPOSÉ

DE LA MÉTHODE MNÉMONIQUE POLONAISE.

La conversation, la lecture, la visite des musées, des cabinets d'amateurs, nous font à chaque instant sentir la nécessité de connaître la chronologie. Mais la difficulté d'apprendre et surtout de retenir des dates est aussi généralement reconnue. L'utilité d'une méthode qui lève pour tous cette difficulté est donc incontestable, et son succès est assuré si sa simplicité la met à la portée de toutes les intelligences. Tel est le mérite de la *Méthode mnémonique* inventée il y a quelques années par M. Jazwinski.

Nous n'entreprendrons point l'éloge de cet ingénieux procédé, honoré déjà des suffrages de plusieurs sociétés savantes et d'un grand nombre d'hommes qui tiennent un haut rang dans la science. La *Méthode mnémonique polonaise* a d'ailleurs reçu la plus incontestable de toutes les sanctions, celle de l'expérience. Nous nous bornerons donc à exposer brièvement comment procède cette Méthode que nous employons nous-mêmes avec succès depuis plusieurs années.

La simplicité même de notre exposition sera, nous le croyons, le meilleur éloge du procédé de M. Jazwinski, puisqu'elle prouvera qu'il n'est personne qui ne soit en état de s'en servir après quelques moments d'attention.

Le tableau que M. Jazwinski appelle *carré polonais*, et dont la connaissance est la clef de la Méthode, n'est autre, en quelque sorte, que la Table de Pythagore ; ce n'est donc rien moins qu'une nouveauté ; ce qui en est une, c'est l'application qui a été faite de cette Table aux diverses branches de l'enseignement.

1	2	3	4	5	6	7	8	9	10
11				15	16				20
21				25	26				30
31									40
41									50
51									60
61									70
71									80
81									90
91				95	96				100

La première chose à faire pour se servir de ce carré, c'est d'apprendre à en compter les cases. Il en renferme cent, disposées en dix rangées de dix cases chacune. On les compte de gauche à droite. Pour faciliter cet exercice, l'inventeur a fortement grossi la ligne horizontale et la ligne verticale du milieu ; ce qui permet à l'œil de s'orienter et de saisir les nombres avec rapidité. On remarquera sans peine, dans la planche ci-jointe, que dans la première colonne verticale à gauche du carré se trouvent tous les nombres terminés par 1, tels que 11, 21, etc., jusqu'à 91. A gauche de la grosse ligne verticale se trouvent de même tous les nombres terminés par 5 ; ainsi 5 à la première rangée, 15 à la seconde, 25 à la troisième jusqu'à 95. A droite de cette même ligne sont tous les nombres terminés par 6, et enfin dans la dernière colonne verticale à droite tous ceux terminés par 0, de 10 à 100 [1].

Lorsqu'on sait bien compter les cases du carré polonais, il est évident que chacune d'elles représente un nombre, et que si l'on nous montre, par exemple, la deuxième case de la seconde rangée, cette case nous représentera le nombre douze, tout aussi bien que si nous y voyions ces deux chiffres 12. On reconnaîtra avec la même facilité les nombres indiqués par toutes les cases de ce carré, et, ce pas fait, il est aisé de comprendre l'application à la chronologie.

Pour cette application chaque case est une année ; le *carré* qui en renferme cent est un siècle. En disposant dans un certain ordre autant de ces carrés que cela sera nécessaire pour représenter le nombre de siècles qu'embrassent les temps historiques, nous verrons se dérouler devant nous l'échelle du temps depuis les époques les plus reculées jusqu'à nos jours.

Une fois que nous avons, pour ainsi dire, matérialisé le temps en le figurant sous nos yeux comme les géographes figurent la terre, nous pouvons y placer les événements historiques comme ces mêmes géographes placent les lieux sur leurs cartes. Nous mettrons de petites marques mobiles, appelées jetons, dans chacune des cases qui représentent les années où se sont passés les événements que nous voulons étudier. Cela fait, nous remarquerons que ces jetons, ainsi disposés, offrent toujours des images plus ou moins régulières ; nous les observerons avec attention, nous détruirons ensuite notre ouvrage, et nous essaierons de reformer la figure que nous avons observée. Car c'est par la perception des images que la Méthode polonaise vient en aide à la mémoire. L'organe de la vue est, sans contredit, pour cette faculté un puissant auxiliaire. Tout le monde sait que nous retenons bien plus facilement ce qui frappe nos yeux que ce que nous

---

(1) Nous n'avons fait remplir par des chiffres qu'une faible partie des cases du carré ci-dessus, afin que le lecteur puisse s'exercer lui-même à retrouver les nombres correspondants à chacune des cases restées vides.

avons appris de toute autre manière. Il faut donc ne point se lasser et recommencer le travail que nous venons d'indiquer autant de fois que cela sera nécessaire pour que le dessin demeure gravé dans la mémoire d'une manière ineffaçable.

Poursuivons. Chaque case représentant une année, toutes celles qui seront occupées par des jetons donneront la date précise d'un événement historique ; par conséquent, l'ensemble des jetons répartis sur un carré de cent cases ou la figure que formera cet ensemble, donnera la carte chronologique du siècle qu'on aura voulu étudier.

Pour faciliter l'application de ce que nous venons de dire, nous avons joint à cet ouvrage un tableau renfermant vingt siècles, sur lequel la chronologie des rois de France se trouve indiquée par des points. Ce tableau est destiné à servir de modèle pour l'enseignement de la chronologie qu'il représente, et qui, pour plus de facilité, s'étudie sur un autre tableau exactement semblable, mais de dimensions plus grandes [1].

Pour procéder à cette étude, on place des jetons dans les cases du tableau d'exercice correspondantes à celles qui sont pointées dans le tableau-modèle, en marchant de siècle en siècle, et en ne passant à un second siècle que lorsque le premier que l'on a étudié est su d'une manière imperturbable. Ainsi, pour en revenir à la chronologie des rois de France, après avoir remarqué que cette chronologie ne commence qu'au cinquième siècle de notre ère, on entreprendra l'étude de ce siècle suivant la méthode indiquée plus haut, c'est-à-dire en examinant avec attention la place occupée par chaque jeton, mais sans s'inquiéter d'abord de rechercher la date qu'il représente. Il suffit, en plaçant et en déplaçant les jetons, de s'étudier à bien graver dans sa mémoire l'image que forme leur ensemble. Ce n'est que lorsqu'on est en état de reproduire sans hésiter cette image sur le

(1) Ces tableaux d'exercice, collés sur carton, se trouvent à la même adresse que le présent ouvrage, prix : 75 centimes.

tableau d'exercice, qu'il faut chercher à reconnaître quelle année chacun des jetons indique. Si primitivement on a bien étudié le tableau, on trouve à l'instant quelles dates ces jetons désignent. S'il s'agit, par exemple, du dixième siècle, les cases pointées ou marquées par des jetons indiqueront, comme on peut le voir sur le tableau, les années 923, 936, 954, 986, 987, 996.

Les dates étant ainsi apprises, il ne reste plus qu'à connaître les souverains dont elles rappellent l'avénement ; ici la Méthode vient encore en aide à la mémoire, car l'expérience prouve que la place qu'ils remplissent dans le carré donne une grande facilité pour retenir leur nom. Ainsi l'on sait bientôt que

> Raoul est monté sur le trône en 923
> Louis IV, d'outre-mer, en. . . . 936
> Lothaire en. 954
> Louis V, le Fainéant, en. . . . 986
> Hugues Capet en. 987
> Robert-le-Pieux en. 996

Nous recommanderons de nouveau de ne jamais étudier un nouveau siècle avant de bien savoir celui qui précède, et de revenir sans cesse sur ceux déjà appris, afin que l'étude des suivants ne jette aucune confusion dans les connaissances précédemment acquises. Un grand nombre d'exercices peuvent d'ailleurs servir à affermir ces connaissances ; nous en citerons quelques-uns :

1° On peut nommer, seulement avec leurs dates, le premier et le dernier souverain de chaque siècle ;

2° Dire tous les souverains qui ont porté le même nom, les Louis, les Charles, etc.;

3° Faire passer une année par tous les siècles, c'est-à-dire, pour une année donnée, nommer le souverain qui régnait et préciser le nombre d'années écoulées depuis son avénement. Si l'on prend, par exemple, l'année 50, l'élève devra pouvoir dire :

450 était la troisième année de Mérovée , puisque ce prince est monté sur le trône en 448.

550 était la quarantième de Childebert ;

650 la treizième de Clovis II ;

750 la neuvième de Childéric III ;

Ainsi de suite jusqu'à 1750, la trente-sixième de Louis XV.

Lorsqu'on sait bien la chronologie des rois, on étudie celle des principaux événements de l'histoire, toujours de la même manière, à l'aide du tableau d'exercice et des jetons. On conçoit que cette étude préalable étant bien faite, et tous les jalons qui doivent guider dans l'étude de l'histoire se trouvant ainsi fixés d'une manière solide, il ne restera plus qu'à apprendre les développements des faits, soit par la lecture des historiens, soit en suivant les leçons d'un professeur. On recueillera de cette nouvelle étude d'autant plus de fruits que le terrain aura été bien préparé à l'avance par l'étude des dates , des noms et des faits.

Ce que nous venons de dire s'applique à l'étude de l'histoire moderne ; pour l'histoire ancienne il y a une différence dans la manière de compter les années : le point de départ étant le commencement de l'ère chrétienne, il faut remonter de cette époque à celle de la Création ; par conséquent, le premier siècle avant Jésus-Christ sera, dans ce tableau, celui que nous avons appelé le vingtième ; la première année deviendra la centième, et la centième la première. La colonne à gauche de la grosse ligne verticale donnera tous les nombres terminés par 6, la colonne à droite de cette même ligne ceux terminés par 5 ; en un mot, ce sera exactement l'inverse de ce que nous avons indiqué en commençant cet exposé. Il est inutile de dire que le tableau qui est sous nos yeux ne suffit pas pour l'étude de l'histoire ancienne, puisqu'il ne contient que vingt siècles, tandis que les événements antérieurs à l'ère chrétienne en comprennent quarante suivant les uns, cinquante suivant les autres. Il faut donc avoir recours à des tableaux qui renferment ce nombre de siècles ou y suppléer par la pensée.

Nous ferons remarquer que chaque case du tableau pointée est subdivisée en neuf sous-cases, subdivisions qui ont été imaginées pour le cas où l'on veut indiquer plusieurs événements dans la même année, ce qui permet à l'élève de leur assigner à chacun une place.

La *Méthode mnémonique polonaise* s'applique à plusieurs autres sciences, telles que la grammaire, la syntaxe, la géographie, l'arithmétique, la littérature, l'histoire naturelle, etc.; mais le détail de ces diverses applications ne peut trouver place dans cet exposé, destiné spécialement à celle de la chronologie et de l'histoire.

ERRATA.

Page 4, ligne 16 de la seconde colonne, *au lieu de la date* 194, *lisez* 195.

Page 18, ligne avant-dernière de la première colonne, *au lieu de* 241, *lisez* 1241.

Page 71, ligne 11, *au lieu de la date* 1292, *lire* 1360, et transporter l'alinéa tout entier à la ligne 4 de la même page, après celui qui a pour date 1424.

Page 73, ligne 35, *au lieu de* : Nabopolassar devient roi de Babylone et soutient etc., *lisez* : Nabopolassar, devenu roi de Babylone, soutient etc.

Page 157, ligne 15, *au lieu de* : et la Suède, *lisez* : et de la Suède.

Page 174, ligne 12, *au lieu de* : disparution, *lisez* : disparition.

Page 184, ligne 4. *au lieu de* : après la bataille d'Auray, *lisez* : après, à la bataille d'Auray.

Page 190, ligne 36, *au lieu de* : Guerre des trois Henris, *lisez* : Guerre des trois Henri.

CHRONOLOGIE.

TABLEAU INDICATIF DES SIÈCLES.

SIÈCLES AVANT J.-C.

41. Création.
39. Seth.
34. Mathusalem.
32. Lamech.
31. Mort d'Adam.
30. Noé.
25. Sem.
24. Déluge.
23. Tour de Babel.
22. Tharé.
21. Bélus.
20. Abraham.
19. Isaac et Jacob.
18. Joseph.
17. Agénor.
16. Cécrops.
15. Moïse et Josué.
14. Hercule.
13. Priam.
12. Héraclides.
11. David et Salomon.
10. Homère.
9. Lycurgue.
8. Romulus.
7. Thalès.
6. Cyrus.

SIÈCLES AVANT J.-C.

5. Périclès.
4. Alexandre-le-Grand.
3. Annibal.
2. Les Scipions.
1. Auguste.

SIÈCLES DEPUIS J.-C.

1. Les Césars.
2. Les Antonins.
3. Zénobie.
4. Constantin-le-Grand.
5. Attila.
6. Justinien.
7. Mahomet.
8. Charlemagne.
9. Alfred-le-Grand.
10. Hugues-Capet.
11. Godefroy de Bouillon.
12. Saladin.
13. Gengiskhan.
14. Tamerlan.
15. Christophe Colomb.
16. Léon X.
17. Louis XIV.
18. Révolution française.
19. Napoléon.

PREMIÈRE

TABLEAU

PRÉSENTANT

DES SOUVERAINS DES ÉTATS

DEPUIS LE COMMENCEMENT

<table>
<tr><td>

PAPES

Ier SIÈCLE.

</td><td>

EMPEREURS ROMAINS

auxquels succèdent
les EMPEREURS D'OCCIDENT
puis les
ROIS DES HÉRULES, DES OSTROGOTHS
et DES LOMBARDS,
et ensuite les
NOUVEAUX EMPEREURS D'OCCIDENT
et les
EMPEREURS D'ALLEMAGNE.

Ier SIÈCLE.

</td></tr>
</table>

PAPES	EMPEREURS ROMAINS
33. Saint Pierre.	1. Auguste, qui avait reçu le titre d'empereur, l'an 31 avant J.-C.
66. Saint Lin.	14. Tibère.
78. Saint Anaclet.	37. Caligula.
91. Saint Clément.	41. Claude I.
100. Saint Evariste.	54. Néron.
	68. Galba.
	69. Othon.
	Vitellius.
	Vespasien.
	79. Titus.

PARTIE.

CHRONOLOGIQUES

DES NOMS

PRINCIPAUX DE L'EUROPE

DE L'ÈRE CHRÉTIENNE.

ROIS DE FRANCE.	ROIS D'ANGLETERRE.
Ier SIÈCLE.	**Ier SIÈCLE.**
La France, qui portait alors le nom de Gaule, resta, jusqu'à la grande invasion barbare du ve siècle, soumise au joug des empereurs romains.	L'Angleterre est restée jusqu'au milieu du ve siècle au pouvoir des empereurs romains, puis de chefs indigènes dont l'histoire est peu connue.

PAPES.

=====

IIe SIÈCLE.

109. Saint Alexandre I.
119. Saint Sixte I.
127. Saint Télesphore.
139. Saint Hygin.
142. Saint Pie I.
157. Saint Anicet.
168. Saint Soter.
177. Saint Eleuthère.
193. Saint Victor.

IIIe SIÈCLE.

202. Saint Zéphirin.
219. Saint Calixte.
223. Saint Urbain.
230. Saint Pontien.
235. Saint Antère.
236. Saint Fabien.
251. Saint Corneille.
252. Saint Luce I.
253. Saint Etienne I.
257. Saint Sixte II.
259. Saint Denis.
269. Saint Félix I.
275. Saint Eutychien.
283. Saint Caïus.
296. Saint Marcellin.

EMPEREURS ROMAINS.

=====

81. Domitien.
96. Nerva.
98. Trajan.

IIe SIÈCLE.

117. Adrien.
138. Antonin-le-Pieux.
161. Marc-Aurèle et Lucius-Vérus.
169. Marc-Aurèle seul.
180. Commode.
193. Pertinax.
193. { Didius-Julianus, Niger, et Septime-Sévère.
194. Septime-Sévère et Albin.
194. Septime-Sévère, seul.

IIIe SIÈCLE.

211. Caracalla et Géta.
212. Caracalla seul.
217. Macrin.
218. Héliogabale.
222. Alexandre-Sévère.
235. Maximin.
237. Les deux Gordiens. Puppien et Balbin.
238. Gordien III, ou le jeune.
244. Philippe l'Arabe.
249. Décius.
251. Gallus avec Hostilien,
252. puis avec Volusien.
253. Emilien. Valérien et Gallien.
260. Gallien seul.

ROIS DE FRANCE.	ROIS D'ANGLETERRE.

IIe SIÈCLE.

IIe SIÈCLE.

IIIe SIÈCLE.

IIIe SIÈCLE.

PAPES.

══════

IVᵉ SIÈCLE.

308. Saint Marcel.
310. Saint Eusèbe.
311. Saint Melchiade.
314. Saint Silvestre.
336. Saint Marc.
337. Saint Jules.
352. Saint Libère.
366. Saint Damase.
384. Saint Sirice.
398. Saint Anastase.

EMPEREURS ROMAINS.

══════

268. Claude II.
270. Aurélien.
275. Tacite.
276. Probus.
282. Carus.
284. Carin et Numérien.
     Carin et Dioclétien.
285. Dioclétien seul.
286. Dioclétien et Maximien.

IVᵉ SIÈCLE.

305. Constance-Chlore et Galère.
306. Galère, Constantin, Sévère, Maxence et Maximien.
307. Galère, Constantin, Maxence, Maximien et Licinius.
308. Les précédents et Maximin.
310. Galère, Constantin, Maxence, Licinius et Maximin.
311. Constantin, Maxence, Licinius et Maximin.
312. Constantin, Licinius et Maximin.
313. Constantin et Licinius.
323. Constantin - le - Grand, seul.
337. Constantin II, Constant et Constance.
340. Constant et Constance.
350. Constance seul.

ROIS DE FRANCE.	ROIS D'ANGLETERRE.
═══	═══
IVᵉ SIÈCLE.	IVᵉ SIÈCLE.

PAPES.

Vᵉ SIÈCLE.

402. Saint Innocent I.
417. Saint Zozime.
418. Saint Boniface.
422. Saint Célestin.
432. Saint Sixte III.
440. Saint Léon-le-Grand.
461. Saint Hilaire.
468. Saint Simplice.
483. Saint Félix II.
492. Saint Gélase.
496. Saint Anastase II.
498. Saint Symmaque.

EMPEREURS ROMAINS.

361. Julien l'apostat.
363. Jovien.
364. Valentinien I et Valence.
375. Gratien et Valentinien II.
383. Valentinien II, seul.
392. Eugène.
394. Théodose-le-Grand.

Empereurs d'Occident.

395. Honorius.

Vᵉ SIÈCLE.

424. Valentinien III.
455. Maxime et Avitus.
457. Majorien.
461. Sévère.
465. Interrègne.
467. Anthémius.
472. Olybrius.
473. Glycérius.
474. Julius Népos.
475. Romulus Augustulus.
476. Odoacre, *roi des Hérules*, met fin à l'Empire d'Occident et succède aux empereurs en Italie.

Rois Ostrogoths.

493. Théodoric-le-Grand fonde le royaume des Ostrogoths sur les ruines de celui des Hérules et de l'Empire d'Occident.

ROIS DE FRANCE.	ROIS D'ANGLETERRE.

Ve SIÈCLE.

Dynastie Mérovingienne.

Pharamond, donné à tort comme le premier roi de cette dynastie, n'a peut-être jamais existé.

427. Clodion.
448. Mérovée.
458. Childéric I.
481. Clovis I.

Ve SIÈCLE.

Établissement de l'Heptarchie ou des sept royaumes.

450. Hengist, premier roi de *Kent.*
491. Ælla, premier roi de *Sussex.*

<table>
<tr><td>

PAPES.

VIe SIÈCLE.

514. Hormisdas.
523. Saint Jean I.
526. Félix III.
530. Boniface II.
533. Jean II.
535. Agapet.
536. Silvère.
538. Vigile.
555. Pélage I.
560. Jean III.
574. Benoit I.
578. Pélage II.
590. Saint Grégoire-le-Grand.

</td><td>

ROIS OSTROGOTHS.

VIe SIÈCLE.

526. Athalaric, sous la tutelle de sa mère Amalasonthe.
534. Théodat.
536. Vitigès
540. Heldibade.
541. Eraric.
    Totila.
552. Teias.
553. L'Italie conquise par Narsès, général de l'empereur Justinien, reste quinze ans sous la domination de l'Empire d'Orient, à laquelle succède ensuite celle des

Rois Lombards.

568. Alboin.
573. Cleph.
575. Interrègne.
584. Autharis.
591. Agilulfe.

</td></tr>
<tr><td>

VIIe SIÈCLE.

604. Sabinien.

</td><td>

VIIe SIÈCLE.

615. Adaload.

</td></tr>
</table>

ROIS DE FRANCE.

VIᵉ SIÈCLE.

511. **Childebert I.**

Premier partage de l'empire Franc entre ce prince, qui fut roi de Paris, et ses trois frères *Clotaire I*, roi de Soissons. *Clodomir*, roi d'Orléans et *Thierri I*, roi de Metz, qui eut lui-même pour successeurs, en 534. son fils *Théodebert*, et, en 548. son petit-fils *Théodebald I*.

558. **Clotaire I.**

561. **Caribert.**

Second partage de l'empire entre ce prince et ses trois frères *Gontran*. roi d'Orléans et de Bourgogne, *Sigebert I*, roi de Metz, et *Chilpéric I*, roi de Soissons.

567. **Chilpéric I.**

L'empire reste partagé entre les trois frères, mais, en 575, Sigebert I a pour successeur *Childebert II*.

584. **Clotaire II.**

L'empire reste toujours partagé; mais, en 596, Childebert II, qui avait réuni à ses états ceux de Gontran, a lui-même pour successeurs *Thierri II* à Orléans, et *Théodebert II* à Metz.— En 613, Clotaire II réunit toute la monarchie.

VIIᵉ SIÈCLE.

628. **Dagobert I.**

ROIS D'ANGLETERRE.

VIᵉ SIÈCLE.

519. **Cerdik**, premier roi de *Wessex*.

526. **Erkenwin**, premier roi d'*Essex*.

535. **Chinrik**, deuxième roi de *Wessex*.

547. **Idda**, premier roi de *Northumberland*.

560. **Céolin**, troisième roi de *Wessex*.

571. **Uffa**, premier roi d'*Est-Anglie*.

584. **Crida**, premier roi de *Mercie*.

Suite des rois saxons de *Wessex*.

Les rois de *Wessex* ayant fini par réunir sous leurs lois tous les royaumes de l'*Heptarchie* et leurs descendants ayant occupé le trône d'*Angleterre* pendant près de deux siècles et demi, ces princes sont les seuls dont on ait cru devoir donner ici la suite chronologique.

592. **Céolric**, quatrième roi de *Wessex*.

597. **Céolwulfe.**

VIIᵉ SIÈCLE.

611. **Cinigisil.**

PAPES.

607. Boniface III.
608. Boniface IV.
615. Saint Dieudonné.
618. Boniface V.
625. Honorius I.
640. Séverin.
     Jean IV.
642. Théodore I.
649. Saint Martin I.
654. Saint Eugène I.
657. Vitalien.
672. Adéodat.
676. Donus I.
678. Agathon.
682. Saint Léon II.
684. Benoit II.
685. Jean V.
686. Conon.
687. Sergius I.

VIIIᵉ SIÈCLE.

701. Jean VI.
705. Jean VII.
708. Sisinnius.
     Constantin.
715. Grégoire II.
731. Grégoire III.
741. Zacharie.

Papes avec puissance temporelle.

752. Étienne II.
757. Saint Paul I.
768. Étienne III.
772. Adrien I.
795. Saint Léon III.

ROIS LOMBARDS.

625. Arioald.
636. Rotharis.
652. Rodoald.
653. Aribert I.
661. Pertharit et Godebert.
662. Grimoald.
671. Pertharit, rétabli.
686. Cunibert.
700. Liutpert.

VIIIᵉ SIÈCLE.

701. Ragimbert, usurpateur.
     Aribert II.
712. Ansprand.
     Liutprand.
744. Hildebrand.
     Ratchis.
749. Astolphe.
756. Didier.
774. Fin du royaume des Lombards.

Rétablissement de l'Empire d'Occident.

800. Charlemagne, roi de France, couronné empereur.

ROIS DE FRANCE.

638. Clovis II.

Troisième partage de l'empire entre ce prince, qui fut roi de Neustrie et de Bourgogne, et son frère *Sigebert II*, roi d'Austrasie.

656. Clotaire III.
670. Thierri III et Childéric II.
671. Childéric II, seul.
673. Thierri III, rétabli.

Dagobert II, proclamé roi en Austrasie, règne jusqu'en 679 dans ce royaume, qui tombe ensuite au pouvoir de Pépin d'Héristall.

691. Clovis III.
695. Childebert III.

VIIIe SIÈCLE.

711. Dagobert III.
715. Chilpéric II.
717. Clotaire IV.
720. Thierri IV.
737. Interrègne.
742. Childéric III.

Dynastie Carlovingienne.

752. Pépin-le-Bref.
768. Charlemagne.

ROIS D'ANGLETERRE.

643. Cénowalch.
672. Saxeburge, femme du précédent.
673. Census.
674. Esguin et Centwin.
685. Cedwalla.
689. Ina.

VIIIe SIÈCLE.

726. Adélard.
740. Cudred.
754. Sigebert.
755. Cynulphe.
784. Brithrik.
800. Egbert.

PAPES.

IXᵉ SIÈCLE.

816. Étienne IV.
817. Saint Pascal I.
824. Eugène II.
827. Valentin.
     Grégoire IV.
844. Sergius II.
847. Saint Léon IV.
855. Benoit III.
858. Nicolas I.
867. Adrien II.
872. Jean VIII.
882. Martin II.
884. Adrien III.
885. Étienne V.
891. Formose.
896. Boniface VI.
     Étienne VI.
897. Romain.
898. Théodore II.
     Jean IX.
900. Benoit IV.

Xᵉ SIÈCLE.

903. Léon V.
     Christophe.
904. Sergius III.

EMPEREURS D'OCCIDENT.

IXᵉ SIÈCLE.

814. Louis-le-Débonnaire, empereur.
840. Lothaire I, empereur et roi d'Italie et de Lotharingie ou Lorraine.
855. Louis II, empereur et roi d'Italie.
875. Charles II, le Chauve, roi de France, est couronné empereur.
877. Le trône impérial reste plus de trois ans vacant.
881. Charles-le-Gros, roi de Souabe, est couronné empereur.
888. Nouvelle vacance du trône impérial pendant trois ans.
891. Gui, roi d'Italie, se fait couronner empereur.
894. Lambert, son fils, lui succède.
896. Arnoul, roi de Germanie, se fait couronner empereur.
899. Nouvelle vacance du trône impérial pendant quatorze mois.

Xᵉ SIÈCLE.

901. Louis III, roi d'Arles, se fait couronner empereur.

ROIS DE FRANCE.	ROIS D'ANGLETERRE.

IXᵉ SIÈCLE.

814. Louis I, le Débonnaire.
840. Charles-le-Chauve.
877. Louis II, le Bègue.
879. Louis III et Carloman.
882. Carloman, seul.
884. Charles-le-Gros.
888. Eudes.
898. Charles III, le Simple.

IXᵉ SIÈCLE.

827. Egbert fonde le *royaume d'Angleterre* par la réunion sous sa domination de tous les royaumes de l'Heptarchie.
837. Ethelwolf.
858. Ethelbad et Ethelbert.
860. Ethelbert, seul.
866. Ethelred I.
871. Alfred-le-Grand.
900. Edouard I, l'Ancien.

Xᵉ SIÈCLE.

923. Raoul.
936. Louis IV d'Outremer.
954. Lothaire.

Xᵉ SIÈCLE.

924. Athelstane.
940. Edmond I.
946. Edred.

<table>
<tr><td>

PAPES.

911. Anastase III.
913. Landon.
914. Jean X.
928. Léon VI.
929. Étienne VII.
931. Jean XI.
936. Léon VII.
939. Étienne VIII.
942. Martin III.
946. Agapet II.
956. Jean XII.
963. Léon VIII.
964. Benoit V.
965. Jean XIII.
972. Benoit VI.
974. Donus II.
975. Benoit VII.
983. Jean XIV.
985. Jean XV.
986. Jean XVI.
996. Grégoire V.
999. Silvestre II.

XIe SIÈCLE.

1003. Jean XVII.
      Jean XVIII.
1009. Sergius IV.
1012. Benoit VIII.
1024. Jean XIX.
1033. Benoit IX.
1044. Grégoire VI.
1046. Clément II.
1048. Damase II.
1049. Saint Léon IX.
1055. Victor II.
1057. Etienne IX.

</td><td>

EMPEREURS D'ALLEMAGNE.

915. Bérenger, roi d'Italie, couronné empereur.
924. Vacance du trône impérial pendant 38 ans.

Empereurs d'Allemagne.

Maison de Saxe.

962. Otton I, le Grand, roi de Germanie, couronné empereur. Depuis cette époque la couronne impériale reste unie à celle de Germanie ou d'Allemagne. (Voir plus bas la chronologie des rois de Germanie jusqu'à Otton I.)
973. Otton II.
983. Otton III.

XIe SIÈCLE.

1002. Henri II, dit le Saint et le Boiteux.

Maison de Franconie.

1024. Conrad II, le Salique.
1039. Henri III, le Noir.
1056. Henri IV.

</td></tr>
</table>

ROIS DE FRANCE.	ROIS D'ANGLETERRE.

ROIS DE FRANCE.

986. Louis V, le Fainéant.

Dynastie Capétienne.

987. Hugues Capet.
996. Robert II.

ROIS D'ANGLETERRE.

955. Edwy.
959. Edgard-le-Pacifique.
975. Edouard II, le Martyr.
978. Ethelred II.

XIe SIÈCLE.

1031. Henri I.
1060. Philippe I.

XIe SIÈCLE.

La couronne est disputée aux rois Saxons par des usurpateurs danois.

1014. Suénon, roi de Danemark.
1015. Ethelred II, rétabli, et Canut I, le Grand.
1016. Edmond II, Côte-de-Fer, et Canut I.
1017. Canut-le-Grand, seul.
1037. Harald I.
1040. Canut II ou Hardi-Canut.
1042. Edouard III, le Con-

PAPES.	EMPEREURS D'ALLÉMAGNE.
1061. Alexandre II.	
1073. Grégoire VII.	
1086. Victor III.	
1088. Urbain II.	
1099. Pascal II.	

XIIe SIÈCLE.	**XIIe SIÈCLE.**
1118. Gélase II.	1106. Henri V.
1119. Calixte II.	1125. Lothaire II.
1124. Honorius II.	
1130. Innocent II.	*Maison de Hohenstaufen.*
1143. Célestin II.	1138. Conrad III.
1144. Lucius II.	1152. Frédéric I, Barbe-rousse.
1145. Eugène III.	1190. Henri VI.
1153. Anastase IV.	1198. Philippe de Souabe et
1154. Adrien IV.	Otton IV.
1159. Alexandre III.	
1181. Lucius III.	
1185. Urbain III.	
1187. Grégoire VIII.	
Clément III.	
1191. Célestin III.	
1198. Innocent III.	

XIIIe SIÈCLE.	**XIIIe SIÈCLE.**
1216. Honorius III.	1212 Otton IV et Frédéric II.
1227. Grégoire IX.	1215. Frédéric II, seul.
241. Célestin IV.	1250. Conrad IV.
1243. Innocent IV.	1254. Guillaume de Hollande.

ROIS DE FRANCE.	ROIS D'ANGLETERRE.
	fesseur, dernier roi saxon.
	1066 Harald II.
	Maison de Normandie.
	1066. Guillaume I, le Conquérant.
	1087. Guillaume II, le Roux.
	1100. Henri I.
XIIᵉ SIÈCLE.	**XIIᵉ SIÈCLE.**
1108. Louis VI, le Gros.	1135. Etienne.
1137. Louis VII, le Jeune.	*Maison des Plantagenets.*
1180. Philippe II, Auguste.	1154. Henri II, Plantagenet.
	1189. Richard I, Cœur-de-Lion.
	1199. Jean-sans-Terre.
XIIIᵉ SIÈCLE.	**XIIIᵉ SIÈCLE.**
1223. Louis VIII, le Lion.	1216. Henri III.
1226. Louis IX ou saint Louis.	1272. Edouard I.
1270. Philippe III, le Hardi.	
1285. Philippe IV, le Bel.	

PAPES.

1254. Alexandre IV.
1261. Urbain IV.
1265. Clément IV.
1271. Grégoire X.
1276. Innocent V.
Adrien V.
Jean XXI.
1277. Nicolas III.
1281. Martin IV.
1285. Honorius IV.
1288. Nicolas IV.
1294. Célestin V.
Boniface VIII.

XIVe SIÈCLE.

1303. Benoit XI.
1305. Clément V.
1316. Jean XXII.
1334. Benoit XII.
1342. Clément VI.
1352. Innocent VI.
1362. Urbain V.
1370. Grégoire XI.
1378. Urbain VI, à Rome.
Clément VII, à Avignon.
1389. Boniface IX, à Rome.
1394. Benoit XIII, à Avignon.

XVe SIÈCLE.

1404. Innocent VII, à Rome.
1406. Grégoire XII, à Rome.
1409. Alexandre V, à Pise.
1410. Jean XXIII, à Pise.
1417. Martin V.
1431. Eugène IV.
1447. Nicolas V.

EMPEREURS D'ALLEMAGNE.

1256. Interrègne.
1257. Richard de Cornouailles et Alphonse de Castille.

Maison de Habsbourg.

1273. Rodolphe de Habsbourg.
1292. Adolphe de Nassau.
1298. Albert I d'Autriche.

XIVe SIÈCLE.

Maison de Luxembourg et de Bavière.

1308. Henri VII de Luxembourg.
1313. Interrègne.
1314. Frédéric d'Autriche et Louis V de Bavière.
1330. Louis V, seul.
1347. Charles I.
1378. Wenceslas.
1400. Robert.

XVe SIÈCLE.

1410. Sigismond.

Maison de Habsbourg-Autriche.

1438. Albert II d'Autriche.
1440. Frédéric III.
1493. Maximilien I.

ROIS DE FRANCE.	ROIS D'ANGLETERRE.

XIVᵉ SIÈCLE.

1314. Louis X, le Hutin.
1316. Jean I.
Philippe V, le Long.
1322. Charles IV, le Bel.

Branche des Valois.

1328. Philippe VI de Valois.
1350. Jean II, le Bon.
1364. Charles V, le Sage.
1380. Charles VI, le Bien-Aimé.

XVᵉ SIÈCLE.

1422. Charles VII, le Victorieux.
1461. Louis XI.
1483. Charles VIII.

Branche des Valois-Orléans.

1498. Louis XII, le Père du
peuple.

XIVᵉ SIÈCLE.

1307. Edouard II.
1327. Edouard III.
1377. Richard II.
1399. Henri IV.

XVᵉ SIÈCLE.

1413. Henri V.
1422. Henri VI.

Maison d'York.

1461. Edouard IV d'York.
1483. Edouard V.
Richard III, le Bossu.

PAPES.

1455. Calixte III.
1458. Pie II.
1464. Paul II.
1471. Sixte IV.
1484. Innocent VIII.
1492. Alexandre VI.

XVIe SIÈCLE.

1503. Pie III.
       Jules II.
1513. Léon X.
1522. Adrien VI.
1523. Clément VII.
1535. Paul III.
1550. Jules III.
1555. Marcel II.
       Paul IV.
1559. Pie IV.
1566. Pie V.
1572. Grégoire XIII.
1585. Sixte V.
1590. Urbain VII.
       Grégoire XIV.
1591. Innocent IX.
1592. Clément VIII.

XVIIe SIÈCLE.

1605. Léon XI.
       Paul V.
1621. Grégoire XV.
1623. Urbain VIII.
1644. Innocent X.
1655. Alexandre VII.
1667. Clément IX.
1670. Clément X.
1676. Innocent XI.

EMPEREURS D'ALLEMAGNE.

XVIe SIÈCLE.

1519. Charles-Quint.
1558. Ferdinand I.
1564. Maximilien II.
1576. Rodolphe II.

XVIIe SIÈCLE.

1612. Mathias.
1619. Ferdinand II.
1637. Ferdinand III.
1658. Léopold I.

ROIS DE FRANCE.

XVIᵉ SIÈCLE.

Branche des Valois-Angouléme.

1515. François I.
1547. Henri II.
1559. François II.
1560. Charles IX.
1574. Henri III.

Branche des Bourbons.

1589. Henri IV.

XVIIᵉ SIÈCLE.

1610. Louis XIII.
1643. Louis XIV.

ROIS D'ANGLETERRE.

Maison des Tudors.

1485. Henri VII.

XVIᵉ SIÈCLE.

1509. Henri VIII.
1547. Edouard VI.
1553. Jeanne Gray.
      Marie.
1558. Elisabeth.

XVIIᵉ SIÈCLE.

1603. Jacques I, roi d'E-
      cosse.
1625. Charles I.
1649. République.
1653. Olivier Cromwell, pro-
      tecteur.
1658. Richard Cromwell.
1660. Charles II.
1685. Jacques II.

PAPES.	EMPEREURS D'ALLEMAGNE.

PAPES.

1689. Alexandre VIII.
1691. Innocent XII.
1700. Clément XI.

XVIIIᵉ SIÈCLE.

1721. Innocent XIII.
1724. Benoit XIII.
1730. Clément XII.
1740. Benoit XIV.
1758. Clément XIII.
1769. Clément XIV.
1775. Pie VI.
1800. Pie VII.

XIXᵉ SIÈCLE.

1823. Léon XII.
1829. Pie VIII.
1831. Grégoire XVI.

EMPEREURS D'ALLEMAGNE.

XVIIIᵉ SIÈCLE.

1705. Joseph I.
1711. Charles VI.
1742. Charles VII.

Maison de Lorraine-Autriche.

1745. François I et Marie-
      Thérèse.
1765. Joseph II.
1790. Léopold II.
1792. François II.

XIXᵉ SIÈCLE.

1806. François II prend le titre
      d'empereur d'Autri-
      che et le nom de Fran-
      çois I.
1835. Ferdinand IV.

ROIS DE FRANCE.	ROIS D'ANGLETERRE.
	1689. Guillaume III de Nassau avec sa femme Marie fille de Jacques II.
XVIIIe SIÈCLE.	**XVIIIe SIÈCLE.**

ROIS DE FRANCE.

XVIIIe SIÈCLE.

1715. Louis XV.
1774. Louis XVI.
1789. Révolution.
1792. République.
1795. Directoire.
1799. Consulat.

XIXe SIÈCLE.

1804. Napoléon, empereur.
1814. Louis XVIII.
1815. Napoléon rétabli pendant *cent jours.*
1824. Charles X.
1830. Louis-Philippe.

ROIS D'ANGLETERRE.

1689. Guillaume III de Nassau avec sa femme Marie fille de Jacques II.

XVIIIe SIÈCLE.

1702. Anne.

Maison de Brunswick-Hanovre.

1714. Georges I.
1727. Georges II.
1760. Georges III.

XIXe SIÈCLE.

1820. Georges IV.
1830. Guillaume IV.
1837. Victoria.

SUITE DES CHRONOLOGIES

DES

PRINCIPAUX ETATS DE L'EUROPE MODERNE.

NOTA. La Méthode mnémonique polonaise donnant les moyens d'établir avec la plus grande facilité le synchronisme dont on a donné un exemple dans le tableau qui précède, on s'est borné à présenter ici les chronologies des autres États principaux de l'Europe, en les plaçant les uns à la suite des autres dans l'ordre alphabétique de ces États.

ROIS D'ARAGON.

XIe SIÈCLE.

1035. Ramire I, quatrième fils de Sanche-le-Grand, roi de Navarre, reçoit en partage l'Aragon avec le titre de roi.
1063. Sanche I.
1094. Pierre I.

XIIe SIÈCLE.

1104. Alphonse I, le Batailleur.
1134. Ramire II, le Moine.
1137. Petronilla et Raimond Bérenger.
1162. Raimond, surnommé Alphonse II.
1196. Pierre II.

XIIIe SIÈCLE.

1213. Jayme ou Jacques I, le Conquérant.
1276. Pierre III.
1285. Alphonse III.
1291. Jayme ou Jacques II.

XIVe SIÈCLE.

1327. Alphonse IV.
1336. Pierre IV, le Cérémonieux.
1387. Jean I.
1395. Martin.

XVe SIÈCLE.

1410. Interrègne.
1412. Ferdinand-le-Juste.
1416. Alphonse V, le Sage et le Magnanime.
1458. Jean II, roi de Navarre.
1479. Ferdinand - le - Catholique, roi de Castille.

XVIe SIÈCLE.

1516. Charles I, qui fut depuis empereur sous le nom

de Charles-Quint, réunit sur sa tête les deux couronnes d'Aragon et de Castille.

ROIS, PUIS DUCS, ÉLECTEURS ET ROIS DE BAVIÈRE.

La Bavière, après avoir eu pendant plusieurs siècles ses ducs nationaux de l'illustre famille des *Agilolfinges*, fut réunie à l'empire franc par Charlemagne, qui envoya mourir dans un cloître le duc *Tassillon II*, dernier souverain de cette antique maison. Dans le partage de la succession de Charlemagne, la Bavière se trouva comprise dans le lot de Bernard, roi d'Italie, auquel elle fut enlevée en 817 par Louis-le-Débonnaire qui en forma un royaume pour un de ses fils. La Bavière eut ainsi plusieurs rois de la maison Carlovingienne, jusqu'à l'époque où l'empereur Arnoul I donna le titre de *duc* au marquis ou chef militaire chargé de la défense de cette province. Par la suite la Bavière devint un des électorats de l'empire d'Allemagne, et de nos jours un prince non moins grand que Charlemagne lui a rendu le titre de royaume.

Rois Carlovingiens de Bavière.

IXᵉ SIÈCLE.

817. Louis II, le Germanique, qui devint roi de Germanie.
876. Carloman I.
880. Louis III, roi de Bavière et de Saxe.
882. Charles-le-Gros, empereur.
888. Arnoul I, empereur.

Ducs.

895. Léopold.

Xᵉ SIÈCLE.

907. Arnoul-le-Mauvais.
937. Eberhard.
939. Berthold.
942. Henri I, le Querelleur.
955. Henri II.
995. Henri III, dit le Boiteux et le Saint.

XIᵉ SIÈCLE.

1004. Henri IV.
1025. Henri V.
1047. Conrad I.
1052. Henri VI.
1054. Conrad II.
1056. Agnès, veuve de l'empereur Henri III.
1069. Otton II.
1071. Welphe ou Guelfe I.

XIIᵉ SIÈCLE.

1101. Welphe II.
1120. Henri VII, le Noir.
1126. Henri VIII, le Superbe.
1138. Léopold d'Autriche.
1142. Henri IX d'Autriche.
1154. Henri X, le Lion.
1180. Otton de Wittelsbach.
1183. Louis I.

XIIIᵉ SIÈCLE.

1231. Otton II, l'Illustre.
1253. Louis II, le Sévère.
1294. Louis III, empereur.

XIVᵉ SIÈCLE.

1347. Etienne-l'Agrafé.
1375. Jean-le-Pacifique.
1397. Ernest.

XVᵉ SIÈCLE.

1438. Albert I, le Pieux.
1460. Jean et Sigismond.
1465. Albert II.

XVIᵉ SIÈCLE.

1508. Guillaume I, le Cons-
    tant.
1550. Albert III, le Magna-
    nime.
1579. Guillaume II, le Reli-
    gieux.

Électeurs.

1596. Maximilien , premier
    électeur.

XVIIᵉ SIÈCLE.

1651. Ferdinand Marie.
1679. Maximilien - Emmanuel.

XVIIIᵉ SIÈCLE.

1726. Charles-Albert.
1745. Maximilien-Joseph.
1778. Charles-Théodore.
1799. Maximilien-Joseph II.

XIXᵉ SIÈCLE.

Rois.

1806. Maximilien-Joseph II re-
    çoit de Napoléon le
    titre de roi.

1825. Louis-Charles-Auguste.

DUCS, PUIS ROIS DE BOHÊME.

Ducs.

IXᵉ SIÈCLE.

890. Borzywoï I.
894. Il se fait chrétien.

Xᵉ SIÈCLE.

902. Spitignée I.
907. Wratislas I.
916. Wenceslas.
936. Boleslas I.
967. Boleslas II, le Débon-
    naire.
999. Boleslas III.

XIᵉ SIÈCLE.

1002. Jaromir.
1012. Udalric.
1037. Brétislas I , le Guerrier
    ou l'Achille.
1055. Spitignée II.
1061. Wratislas II. Il fut créé
    roi en 1086 par l'em-
    pereur Henri IV; mais
    ce titre fut personnel
    et ne passa pas à ses
    successeurs.
1092. Conrad I.
1093. Brétislas II.

XIIᵉ SIÈCLE.

1100. Borzywoï II.
1107. Suatopelk.
1109. Wladislas I.

1125. Sobieslas I.
1140. Wladislas II.
1158. Il reçoit le titre de roi, qui ne passe pas à son successeur.
1174. Sobieslas II.
1178. Frédéric.
1190. Conrad II.
1191. Wenceslas II.
1193. Henri Brétislas, évêque de Prague.
1196. Wladislas III.

Rois.

1197. Prémislas II ou Ottocar I, le Victorieux.

XIIIe SIÈCLE.

1230. Wenceslas III.
1253. Prémislas, Ottocar II.
1278. Wenceslas IV, qui fut aussi roi de Pologne.

XIVe SIÈCLE.

1305 Wenceslas V.
1306. Henri de Carinthie.
1310. Jean de Luxembourg, l'Aveugle, tué à Crécy.
1346. Charles IV, empereur sous le nom de Charles I.
1378. Wenceslas VI, empereur.

XVe SIÈCLE.

1419. Sigismond, empereur et roi de Hongrie.
1437. Albert d'Autriche, empereur et roi de Hongrie.
1440. Ladislas-le-Posthume, roi de Hongrie.
1458. Georges Podiébrad.
1471. Ladislas II.

XVIe SIÈCLE.

1516. Louis.
1526. Ferdinand I, qui fut depuis empereur.
1564. Maximilien II, empereur.
1575. Rodolphe, empereur.

XVIIe SIÈCLE.

1611. Mathias, empereur.
1617. Ferdinand II, empereur.
1619. Frédéric, électeur palatin, est élu roi.
1620. Il est chassé et Ferdinand reconnu de nouveau.
1637. Ferdinand III, empereur.
1646. Ferdinand IV, couronné roi de Bohême du vivant et par ordre de son père, meurt avant lui (en 1654). Deux ans après, Ferdinand III fait couronner roi son second fils,
1656. Léopold, qui fut empereur l'année suivante.

XVIIIe SIÈCLE.

1705. Joseph I, empereur.
1711. Charles VI, empereur.

1740. Marie-Thérèse d'Autriche, impératrice.
1780. Joseph II. empereur.
1790. Léopold II, empereur.
1792. François II, empereur.

XIXe **SIÈCLE.**

1835. Ferdinand V, empereur.

ROIS, PUIS DUCS DE
BOURGOGNE.

Ve **SIÈCLE.**

Rois Bourguignons.

413. Gondicaire.
436. Gondioc ou Gonderic.
·467. Chilpéric.
491. Gondebaud.

VIe **SIÈCLE.**

516. Sigismond.
523. Gondemar ou Godomar.

Rois francs de Bourgogne.

561. Gontran, fils de Clotaire.
593. Childebert.
596. Thierri.

VIIe **SIÈCLE.**

613. Mort de Thierri. La Bourgogne, réunie au
royaume de France,
reste sans souverains
particuliers jusqu'a-
près le partage de
l'empire Carlovingien.

Ducs bénéficiaires.

IXe **SIÈCLE.**

877. Richard - le - Justicier,
frère de Boson, roi de
Provence et beau-frère
de Charles-le-Chauve,
duc et comte de Bour-
gogne.

Xe **SIÈCLE.**

921. Raoul, fils de Richard.
Il devint roi de France
en 923.
923. Giselbert, beau-frère de
Raoul, duc et comte de
Bourgogne.
938. { Hugues-le-Noir, duc et
comte de Bourgogne.
Hugues-le-Grand, fils
de Robert, duc de
France et de Bour-
gogne.
956. Otton, fils de Hugues-
le-Grand.

Ducs propriétaires ou souverains.

965. Henri-le-Grand, fils de
Hugues-le-Grand et
frère de Hugues - Ca-
pet.

XIe **SIÈCLE.**

1002. { Robert, roi de France.
Otte-Guillaume, comte
de Dijon.
1015. Henri II, depuis roi de
France.

1032. Robert-le-Vieux, fils de Robert, roi de France; tige des ducs de Bourgogne de la première race.
1075. Hugues I.
1078. Eudes I, dit Borel.

XIIe SIÈCLE.

1102. Hugues II, le Pacifique.
1142. Eudes II.
1162. Hugues III.
1193. Eudes III.

XIIIe SIÈCLE.

1218. Hugues IV.
1272. Robert II.

XIVe SIÈCLE.

1305. Hugues V.
1315. Eudes IV.
1350. Philippe de Rouvre, duc et comte de Bourgogne et comte d'Artois.
1361. Le duché de Bourgogne est réuni à la monarchie française.

Ducs propriétaires de Bourgogne de la seconde race.

1363. Philippe II, le Hardi, quatrième fils de Jean, roi de France. Il devint aussi, en 1384, comte de Bourgogne, de Flandre, d'Artois, etc.

XVe SIÈCLE.

1404. Jean-sans-Peur.
1419. Philippe-le-Bon.
1467. Charles-le-Téméraire.
1477. A la mort de Charles, le duché de Bourgogne est réuni à la France, dont il n'a plus été séparé.

DUCS DE BRETAGNE.

IXe SIÈCLE.

Ducs.

824. Nomenoë, créé duc par Louis-le-Débonnaire.
851. Erispoë.
857. Salomon.
874. Alain-le-Grand et Judicael II.

Xe SIÈCLE.

907. Gurmhaillon.
930. Juhel Bérenger, comte de Rennes.
937. Alain-Barbe-torte, comte de Nantes.
952. Drogon.
953. Hoël IV.
980. Guerech.
987. Conan-le-Tort, comte de Rennes.
992. Geoffroi.

XIe SIÈCLE.

1008. Alain III.
1040. Conan II.

1066. Hoel V.
1084. Alain Fergent.

XIIe SIÈCLE.

1112. Conan III, le Gros.
1448. Eudes et Hoel VI.
1156. Conan IV le Petit.
1171. Geoffroi II.
1196. Arthur I et Constance.

XIIIe SIÈCLE.

1213. Pierre Mauclerc, arrière petit-fils de Louis-le-Gros, tige des derniers ducs de Bretagne.
1237. Jean I, le Roux.
1286. Jean II.

XIVe SIÈCLE.

1305. Arthur II.
1312. Jean III, le Bon.
1341. Charles de Blois et Jean de Montfort.
1364. Jean IV, le Vaillant.
1399. Jean V, le Bon et le Sage.

XVe SIÈCLE.

1442. François I.
1450. Pierre II.
1457. Arthur III.
1458. François II.
1488. Anne, femme de Charles VIII et de Louis XII, rois de France.

XVIe SIÈCLE.

1514. Mort d'Anne.

1532. Le duché de Bretagne est réuni à la couronne de France.

ROIS DE DANEMARK.

VIIIe SIÈCLE.

714. Gormond.
764. Sigefrid.
766. Getticus.

IXe SIÈCLE.

809. Olaüs.
810. Hemmingus.
812. Siward et Ringo.
817. Harald V et Klarck.
843. Siward III.
846. Eric I.
847. Eric II.
863. Canut I.
873. Frotho.
889. Gormond II.
897. Harald VI.

Xe SIÈCLE.

919. Gormond III.
935. Harald VII.
985. Suénon.

XIe SIÈCLE.

1014. Canut II, le Grand.
1036. Canut III, le Hardi.
1042. Magnus, le Bon.
1047. Suénon II.
1077. Harald VIII, le Mou.
1080. Canut IV, le Saint.
1086. Olaüs IV, le Famélique.
1095. Eric III, le Bon.

XIIᵉ SIÈCLE.

1103. Interrègne.
1105. Nicolas.
1135. Eric IV.
1137. Eric V.
1147. { Suénon III.
       { Canut V.
1157. Valdemar I, le Grand.
1182. Canut VI.

XIIIᵉ SIÈCLE.

1202. Valdemar II, le Victo-
      rieux.
1241. Eric VI.
1250. Abel.
1252. Christophe.
1259. Eric VII.
1286. Eric VIII.

XIVᵉ SIÈCLE.

1320. Christophe II.
1334. Interrègne.
1340. Valdemar III.
1376. Olaüs avec sa mère Mar-
      guerite, reine de Da-
      nemark et de Norvège.
1387. Eric IX et Marguerite.

XVᵉ SIÈCLE.

1412. Eric IX, seul.
1440. Christophe III.
1448. Christiern I.
1481. Jean.

XVIᵉ SIÈCLE.

1513. Christiern II.
1523. Frédéric I, le Pacifique.

1533. Interrègne.
1534. Christiern III.
1559. Frédéric II.
1588. Christiern IV.

XVIIᵉ SIÈCLE.

1648. Frédéric III.
1670. Christiern V.
1699. Frédéric IV.

XVIIIᵉ SIÈCLE.

1730. Christiern VI.
1746. Frédéric V.
1766. Christiern VII.

XIXᵉ SIÈCLE.

1808. Frédéric VI.
1839. Christiern VIII.

ROIS D'ÉCOSSE.

Les premiers rois d'Écosse sont fort
mal connus.

Vᵉ SIÈCLE.

422. Fergus I.
440. Eugène I.
461. Dongard I.
465. Constantin I.
482. Congale I.

VIᵉ SIÈCLE.

501. Conran.
535. Eugène II.
558. Congale II.
572. Chinaule ou Cumatillus.
580. Aldan.

VII° SIÈCLE.

606. { Clénot.
{ Eugène III.
620. Ferchard I.
632. Donald I.
647. Ferchard II.
668. Maldonin.
688. Eugène IV.
692. Eugène V.
699. Amberchelet.
700. Eugène VI.

VIII° SIÈCLE.

717. Mordac.
730. Elsinius.
761. Eugène VII.
764. Fergus II.
767. Solvatius.
787. Achanis.

IX° SIÈCLE.

809. Congale III.
814. Dongard II.
820. Alpin.
823. Kenet I.
854. Donald II.
858. Constantin II.
874. Ethus I.
875. Grégoire.
893. Donald III.

X° SIÈCLE.

904. Constantin III.
943. Malcolm I.
958. Judulphe.
968. Duphus.
973. Cullenus.

978. Kenet II.
994. Constantin IV.
995. Crimus.

XI° SIÈCLE.

1003. Malcolm II.
1033. Duncan I.
1040. Macchabée, tyran.
1057. Malcolm III.
1093. Donald IV.
1094. Duncan II.
1095. Donald rétabli.
1098. Edgar.

XII° SIÈCLE.

1107. Alexandre I.
1124. David I.
1153. Malcolm IV.
1165. Guillaume I.

XIII° SIÈCLE.

1214. Alexandre II.
1249. Alexandre III.
1286. Interrègne.
1292. Jean Baillol.

XIV° SIÈCLE.

1306. Robert I, Brus.
1329. David II.
1331. Edouard Baillol.
1342. David rétabli.
1371. Robert II, Stuart.
1390. Robert III.

XV° SIÈCLE.

1424. Jacques I.
1437. Jacques II.

1460. Jacques III.
1488. Jacques IV.

XVIe SIÈCLE.

1513. Jacques V.
1542. { Marie Stuart.
       { Henri.
1567. Jacques VI.

XVIIe SIÈCLE.

1603. Il devient roi d'Angle-
      terre sous le nom de
      Jacques I ; ses succes-
      seurs conservent les
      deux couronnes.

XVIIIe SIÈCLE.

1707. Le royaume d'Écosse est
      réuni à l'Angleterre.

ROIS VISIGOTHS D'ESPAGNE ET D'AQUITAINE.

Ve SIÈCLE.

412. Ataulphe.
415. Sigéric.
     Wallia.
419. Théodoric I.
451. Thorismond.
453. Théodoric II.
466. Euric.
484. Alaric I.

VIe SIÈCLE.

507. Gézalic, usurpateur.
509. Théodoric le-Grand, roi
     des Ostrogoths.

526. Amalaric.
531. Theudis.
548. Theudisèle.
549. Agila.
554. Athanagilde.
567. Liuva I.
572. Leuvigilde.
586. Recarède I.

VIIe SIÈCLE.

601. Liuva II.
603. Vitteric.
610. Gondemar.
612. Sisbut.
621. Recarède II.
     Suintila.
631. Sisenand.
636. Chintila.
640. Tulca.
642. Chindasvinde.
652. Récesvinde.
672. Wamba.
680. Ervige.
687. Egiza.

VIIIe SIÈCLE.

701. Vittiza.
710. Roderic ou Rodrigue.
711. Les Arabes mettent fin
     à la domination des
     Visigoths.

Rois de Léon et des Asturies.

718. Pélage.
737. Favila.
739. Alphonse I le Catholi-
     que.

757. Froïla.
768. Aurèle.
774. Silo.
783. Maurégat, usurpateur.
788. Bermude I.
791. Alphonse II, le Chaste.

IXe SIÈCLE.

842. Ramire I.
850. Ordogno I.
866. Alphonse III, le Grand.

Xe SIÈCLE.

910. Garcie.
914. Ordogno II.
923. Froïla II.
924. Alphonse IV.
927. Ramire II.
950. Ordogno III.
955. { Ordogno, usurpateur. / Sanche-le-Gros.
967. Ramire III.
982. Bermude II.
999. Alphonse V.

XIe SIÈCLE.

1027. Bermude III.

Rois de Castille et de Léon.

1037. Ferdinand I.
1065. { Sanche II, le Fort, roi de Castille. / Alphonse VI, le Vaillant, roi de Léon. / Garcie, roi de Galice.
1073. Alphonse VI réunit les trois royaumes.

XIIe SIÈCLE.

1109. Urraque et Alphonse VII.
1126. Alphonse VIII.
1157. { Sanche III, roi de Castille. / Ferdinand II, roi de Léon.
1158. { Le même Ferdinand II. / Alphonse III, roi de Castille.
1188. { Le même Alphonse III. / Alphonse IX, roi de Léon.

XIIIe SIÈCLE.

1214. { Le même Alphonse IX. / Henri I, roi de Castille.
1217. { Le même Alphonse IX. / Ferdinand III, roi de Castille.
1230. Ferdinand III réunit les deux couronnes de Castille et Léon qui n'ont plus été séparées.
1252. Alphonse X, le Sage.
1284. Sanche IV, le Grand.
1295. Ferdinand IV.

XIVe SIÈCLE.

1312. Alphonse XI.
1350. Pierre-le-Cruel.
1368. Henri II, le Magnifique.
1379. Jean I.
1390. Henri III, le Maladif.

XVe SIÈCLE.

1406. Jean II.

1454. Henri IV.
1474. Réunion des couronnes de Castille et d'Aragon par le mariage d'Isabelle de Castille avec Ferdinand V, ou le Catholique, roi d'Aragon et de Navarre.

XVIe SIÈCLE.

1504. {
Le même Ferdinand, roi d'Aragon et
Philippe I, le Beau, roi de Castille.

1506. {
Le même Ferdinand et Jeanne - la - Folle, veuve de Philippe-le-Beau.

Rois de toute l'Espagne.

1516. Charles I, par la suite empereur, sous le nom de Charles-Quint, réunit toutes les couronnes de l'Espagne.
1556. Philippe II.
1598. Philippe III.

XVIIe SIÈCLE.

1621. Philippe IV.
1665. Charles II.

Rois d'Espagne de la maison de Bourbon.

1700. Philippe V, de Bourbon.

XVIIIe SIÈCLE.

1724. Louis I, roi par l'abdication de son père; meurt la même année.
Philippe V reprend la couronne.
1746. Ferdinand VI.
1759. Charles III.
1788. Charles IV.

XIXe SIÈCLE.

1808. Ferdinand VII.
Joseph Bonaparte.
1813. Ferdinand VII, rétabli.
1833. Isabelle II.

COMTES ET COMTESSES
DE FLANDRE,
PUIS ROIS DES BELGES.

IXe SIÈCLE.

862. Baudouin Bras-de-Fer.
879. Baudouin II, le Chauve.

Xe SIÈCLE.

918. {
Arnould I, le Vieux ou le Grand.
Baudouin III, le Jeune.
965. Arnould II, le jeune.
989. Baudouin IV, le Barbu.

XIe SIÈCLE.

1036. Baudouin V, le Débonnaire.
1067. Baudouin VI, le Bon.
1070. Arnould III, le Malheureux.
1071. Robert I, le Frison.

1093. Robert II, le Jérosoly-
mitain.

[XII⁰ SIÈCLE.

1111. Baudouin VII, dit à la
Hache et Hapkin.
1119. Charles I, le Bon.
1127. Guillaume Cliton, le Normand.
1128. Thierri d'Alsace.
1168. Philippe d'Alsace.
1191. { Marguerite d'Alsace.
{ Baudouin VIII.
1194. Baudouin IX, de Constantinople.

XIII⁰ SIÈCLE.

1206. Jeanne avec Ferrand,
puis avec Thomas, ses
époux.
1244. Marguerite II, la Noire,
de Constantinople.
1280. Gui de Dampierre.

XIV⁰ SIÈCLE.

1305. Robert III, de Béthune.
1322. Louis I, dit de Nevers et
de Crécy.
1346. Louis II, dit de Mâle.
1384. Marguerite et Philippe-
le-Hardi, duc de Bour-
gogne.

XV⁰ SIÈCLE.

1405. Jean-sans-Peur, duc de
Bourgogne.
1419. Philippe - le - Bon, premier souverain des
Pays-Bas.
1467. Charles II, le Téméraire.
1477. Marie
1482. Philippe IV, le Beau.

XVI⁰ SIÈCLE.

1506. Charles-Quint. Les Flandres restèrent depuis
sous la domination de
l'Espagne.

XVIII⁰ SIÈCLE.

1713. Les Flandres passent
à la branche autri-
chienne d'Allemagne,
depuis la paix d'U-
trecht.
1794. Les Flandres sont réunies à la France.

XIX⁰ SIÈCLE.

1814. Les Flandres sont réunies aux Pays-Bas
sous Guillaume I.
1830. Elles se détachent du
royaume des Pays-
Bas, et forment le
royaume de Belgique.

Rois des Belges.

1831. Léopold I.

ROIS DE GERMANIE.

IX⁰ SIÈCLE.

Maison Carlovingienne.

843. Louis-le-Germanique.

876. Louis-le-Saxon.

882. Charles-le-Gros, roi de Souabe et empereur d'Occident.

887. Arnoul, qui fut depuis empereur.

899. Louis IV, l'Enfant.

Xe SIÈCLE.

Maison de Franconie.

911. Conrad I.

Maison de Saxe.

918. Henri I, l'Oiseleur.

936. Otton I, le Grand, devenu par la suite empereur d'Allemagne, titre qui resta uni à celui de roi de Germanie.

(Voir la suite chronologique de ces princes aux *Empereurs d'Allemagne,* p. 16.)

PRINCES
PUIS ROIS DE HONGRIE.

IXe SIÈCLE.

887. Arpad, premier chef.

Xe SIÈCLE.

907 Zoltan.

920. Toxun.

961. Geisa, 1er prince chrétien.

Rois.

997. Saint Étienne, 1er roi.

XIe SIÈCLE.

1038. Pierre, l'Allemand.

1041. Aba.

1044. Pierre, rétabli.

1047. André I.

1061. Béla I.

1064. Salomon.

1075. Geisa I.

1077. Ladislas I.

1095. Coloman.

XIIe SIÈCLE.

1114. Etienne II, le Foudre.

1131. Béla II.

1141. Geisa II.

1161. Etienne III.

1174. Béla III.

1196. Emeric.

XIIIe SIÈCLE.

1204. Ladislas II.

1205. André II.

1235. Béla IV.

1270. Etienne IV.

1272. Ladislas III.

1290. André III.

XIVe SIÈCLE.

1301. Wenceslas, roi de Bohême.

1305. Otton de Bavière.

1310. Charobert.

1342. Louis I, le Grand.

1382 Marie, dite le roi Marie.

1385. Marie et Sigismond.

1392. Sigismond, seul.

XVe SIÈCLE.

1411. Sigismond est élevé à l'empire et devient

aussi, 8 ans plus tard,
roi de Bohême.
1437. Albert d'Autriche, empereur et roi de Bohême.
1440. Ladislas IV, le posthume, roi de Bohême.
1445. Jean Corvin Huniade, régent.
1453. Ladislas V, de Bohême.
1458. Mathias Corvin I.
1490. Ladislas VI.

XVIe SIÈCLE.

1516. Louis II.
1526. Jean de Zapolski.
1527. Ferdinand, frère de Charles-Quint.
1563. Maximilien, empereur.
1572. Rodolphe, empereur.

XVIIe SIÈCLE.

1608. Mathias II, empereur.
1618. Ferdinand II.
1625. Ferdinand III, empereur.
1647. Ferdinand IV.
1655. Léopold, empereur.
1687. Joseph, archiduc, puis empereur.

XVIIIe SIÈCLE.

1712. Charles VI, empereur.
1741. Marie-Thérèse.
1780. Joseph II, empereur.
1790. Léopold II, empereur.
1792. François II, empereur.

XIXe SIÈCLE.

1835. Ferdinand V, empereur.

ROIS DE NAPLES OU DES DEUX-SICILES,

d'abord COMTES, puis DUCS DE POUILLE ET DE CALABRE.

XIe SIÈCLE.

1043. Guillaume Bras-de-Fer.
1046. Drogon.
1051. Robert Guiscard.
1057. Humphroi.
1085. Roger.

XIIe SIÈCLE.

1111. Guillaume II.
1127. Roger II.

Rois des Deux-Siciles puis de Naples.

1129. Roger II devient roi.
1154. Guillaume-le-Mauvais.
1166. Guillaume II, le Bon.
1189. Tancrède.
1194. Guillaume III.
Constance et Henri IV, son mari,
1197. Frédéric.

XIIIe SIÈCLE.

1250. Conrad I.
1254. Conrad II.
1258. Mainfroi.
1266. Charles I.
1285. Charles II.

XIVᵉ SIÈCLE.

1309. Robert-le-Sage.
1343. Jeanne et Louis de Ta-
      rente.
1382. Charles III.
1386. Ladislas.

XVᵉ SIÈCLE.

1414. Jeanne II et Jacques de
      Bourbon.
1435. Alphonse I.
1458. Ferdinand I.
1494. Alphonse II.
1495. Ferdinand II.
1496. Frédéric III.

XVIᵉ SIÈCLE.

1501. Ferdinand - le - Catholi-
      que.
1516. Charles-Quint.
1554. Philippe II.
1598. Philippe III.

XVIIᵉ SIÈCLE.

1621. Philippe IV.
1665. Charles II.
1700. Philippe V.

XVIIIᵉ SIÈCLE.

1708. Charles d'Autriche.
1734. Don Carlos.
1759. Ferdinand IV.

XIXᵉ SIÈCLE.

1806. Joseph Napoléon.
1808. Murat.
1815. Ferdinand IV, rétabli.

1825. François I
1830. Ferdinand V.

———

DUCS DE LORRAINE.

Xᵉ SIÈCLE.

959. Frédéric I.
984. Thierri I.

XIᵉ SIÈCLE.

1026. Frédéric II.
1033. Gothelon I.
1043. Gothelon II.
1046. Albert d'Alsace.
1048. Gérard d'Alsace.
1070. Thierri II, le Vaillant.

XIIᵉ SIÈCLE.

1115. Simon I.
1139. Mathieu I.
1176. Simon II.

XIIIᵉ SIÈCLE.

1205. Ferri I, de Bitche.
1206. Ferri II.
1213. Thibaut I.
1220. Mathieu II.
1251. Ferri III.

XIVᵉ SIÈCLE.

1304. Thibaut II.
1312. Ferri IV, le Lutteur.
1328. Raoul.
1346. Jean I.
1391. Charles I.

XVᵉ SIÈCLE.

1431. René d'Anjou et Isabelle.

1453. Jean II.
1470. Nicolas.
1473. René II et Yolande.

XVIᵉ SIÈCLE.

1508. Antoine-le Bon.
1544. François I.
1545. Charles II, le Grand.

XVIIᵉ SIÈCLE.

1608. Henri II, le Bon.
1624. François II.
Charles III et Nicole.
1675. Charles IV.
1690. Léopold I.

XVIIIᵉ SIÈCLE.

1729. François Étienne.
1735. Il échange la Lorraine contre la Toscane.
1737. Stanislas, roi de Pologne.
1766. A la mort de Stanislas la Lorraine est réunie à la France.

SEIGNEURS, PUIS DUCS DE MILAN.

RÉPUBLIQUE CISALPINE ET ROYAUME LOMBARD-VÉNITIEN.

XIᵉ SIÈCLE.

1056. Hildebrand Visconti.
Otton (sans date).
1100. André.

XIIᵉ SIÈCLE.

1145. Galvain.

1162. Milan ruiné par Frédéric I.
1171. Milan rebâti.
1182. Ubertin.
Jacques Visconti, date incertaine.

XIIIᵉ SIÈCLE.

1263. Otton Visconti, archevêque de Milan.
1295. Mathieu Visconti, le Grand.

XIVᵉ SIÈCLE.

1322. Galéas Visconti.
1328. Azzon Visconti.
1339. Luchin Visconti.
1349. Jean Visconti.
1354. Mathieu II Visconti. Bernardo Visconti. Galéas II Visconti.
1378. Jean Galéas Visconti.

XVᵉ SIÈCLE.

1402. Jean-Marie Visconti.
1412. Philippe-Marie Visconti.
1447. François Sforce.
1466. Galéas-Marie Sforce.
1476. Jean-Galéas-Marie Sforce.
1494. Ludovic-Marie Sforce.
1500. Louis II, roi de France.

XVIᵉ SIÈCLE.

1512. Maximilien Sforce.
1515. François I, roi de France.
1521. François-Marie Sforce.

1535. Charles-Quint.
 Milan passe sous la do-
 mination des rois d'Es-
 pagne.

XVIIIe SIÈCLE.

1706. Milan passe sous la domination de Joseph I,
 empereur d'Allema-
 gne.
1733. Réuni à la Sardaigne.
1736. Réuni à l'Autriche.

République Cisalpine.

1797. Milan devient la capitale
 de la République ci-
 salpine.

XIXe SIÈCLE.

1805. Eugène Beauharnais,
 vice-roi d'Italie.
1814. Milan capitale du royaume Lombard - Véni-
 tien.

COMTES, PUIS ROIS DE NAVARRE.

Comtes.

IXe SIÈCLE.

831. Aznar, premier comte
 dont le nom soit con-
 nu.
836. Sanche, dit Sancion.
853. Garcie I.
857. Garcie Ximénès.

Rois.

860. Garcie Ximénès, proclamé roi.
880. Fortunio, dit le Moine.

Xe SIÈCLE.

905. Sanche Garcie I.
926. Garcie I.
970. Sanche II, Abarca.
994. Garcie II, le Trembleur.
1000. Sanche III, le Grand.

XIe SIÈCLE.

1035. Garcie III.
1054. Sanche IV.
1076. Sanche Ramirez V, roi
 d'Aragon.
1094. Pierre I, roi d'Aragon.

XIIe SIÈCLE.

1104. Alphonse I, roi d'Aragon.
1134. Garcie Ramirez IV.
1140. Sanche VI, le Sage.
1194. Sanche VII.

XIIIe SIÈCLE.

1234. Thibaut I, le Posthume.
1253. Thibaut II.
1270. Henri I, le Gras.
1274. Jeanne I.
1284. La même Jeanne avec
 son mari Philippe-le-
 Bel, qui devint roi de
 France.

XIVe SIÈCLE.

1305. Louis - le - Hutin , qui

devint aussi roi de France.

1316. Jeanne I, sous la tutelle de son oncle Philippe-le-Long, roi de France.

1318. Philippe-le-Long réunit la couronne de Navarre à celle de France.

1322. Charles I ou Charles-le-Bel, roi de France.

1328. Jeanne II, avec son mari Philippe d'Evreux, dit le Sage.

1349. Charles II, le Mauvais.

1387. Charles III, le Noble.

XVe SIÈCLE.

1425. Jean II d'Aragon, avec sa femme Blanche.

1458. Jean II devient aussi roi d'Aragon.

1479. Eléonore.
François Phébus.

1483. Catherine, qui épousa l'année suivante Jean d'Albret.

XVIe SIÈCLE.

1512. Ferdinand-le-Catholique, roi d'Aragon, s'empare de la partie de la Navarre située au midi des Pyrénées et la réunit à ses états.

1516. Henri II, roi de Navarre.

1555. Jeanne d'Albret avec son mari Antoine de Bourbon.

1562. Jeanne d'Albret seule.

1572. Henri III, qui devint roi de France sous le nom de Henri IV, en 1589; mais la Navarre ne fut réunie à la monarchie française qu'en 1607.

DUCS DE NORMANDIE.

IXe SIÈCLE.

885. Rollon.

Xe SIÈCLE.

927. Guillaume I.

943. Richard I, sans peur.

996. Richard II, le Bon.

XIe SIÈCLE.

1027. Richard III.

1028. Robert I, le Diable.

1035. Guillaume II.

1087. Robert II, Courte-Heuse.

1096. Guillaume III.

XIIe SIÈCLE.

1106. Henri I.

1135. Etienne de Blois.

1144. Geoffroy Plantagenet.

1151. Henri II.

1189. Richard Cœur-de-Lion.

1199. { Jean-sans-Terre.
{ Arthur.

XIIIe SIÈCLE.

1204. La Normandie est réunie à la couronne de France.

ROIS DE NORVÉGE.

IXe SIÈCLE.

900. Harald I.

Xe SIÈCLE.

931. Eric I.
936. Haquin I.
963. Harald II.
978. Haquin II.
995. Olaüs I.
1000. Suénon I.

XIe SIÈCLE.

1011. Olaüs II, le Saint.
1031. Suénon II, fils de Canut-
le-Grand.
1039. Magnus I.
1055. Harald III.
1070. Magnus II.

XIIe SIÈCLE.

1110. Magnus III.
1138. Harald IV.
1148. Magnus III, de nouveau.
1158. Iugo.
1176. Interrègne.
1180. Magnus IV.

XIIIe SIÈCLE.

1232. Haquin III, le Tyran.
1263. Olaüs III.
1280. Eric II.
1300. Haquin IV.

XIVe SIÈCLE.

1315. Magnus V.
1326. Haquin V.
1328. Magnus VI.
1359. Olaüs IV.
1375. Haquin VI.
1388. Marguerite, reine de Suède et de Dane-mark.

XVe SIÈCLE.

1412. Eric III. La Norvége réunie au Danemark.

XIXe SIÈCLE.

1814. La Norvége réunie à la Suède.

EMPEREURS D'ORIENT.

IVe SIÈCLE.

364. Valens.
379. Théodose-le-Grand.
395. Arcadius.

Ve SIÈCLE.

408. Théodose II, le Jeune.
450. Marcien.
457. Léon I.
473. Léon II, le Jeune.
474. Zénon.
491. Anastase.

VIe SIÈCLE.

518. Justin I, le Vieux.
527. Justinien I.
565. Justin II, le Jeune.
578. Tibère, Constantin.

582. Maurice.

VIIe SIÈCLE.

602. Phocas.
610. Héraclius.
641. { Héraclius Constantin. / Héracléonas Tibère. / Constantin II.
668. Constantin III Pogonat.
685. Justinien Rhinotmète.
695. Léonce.
698. Absimar Tibère.

VIIIe SIÈCLE.

706 Justinien II, rétabli.
711. Philippique Bardane.
713. Anastase II.
716. Théodose III.
717. Léon III, l'Isaurien.
741. Constantin IV Copronyme.
775. Léon IV.
780. Constantin V, avec Irène, sa mère.
797. Irène, seule.

IXe SIÈCLE.

802. Nicéphore.
811. Staurace. Michel Rhangabé.
813. Léon V, l'Arménien.
820. Michel II, le Bègue.
829. Théophile.
842. Michel III, l'Ivrogne.
867. Basile-le-Macédonien.
886. Léon VI, le Philosophe.

Xe SIÈCLE.

911. { Alexandre. / Constantin VI, Porphyrogénète.

912. Constantin VI, seul.
915. { Constantin VI. / Romain Lecapène et ses trois fils : / Christophe, Etienne et Constantin VII.
945. Constantin VI, seul de nouveau.
959. Romain II, le Jeune.
963. Nicéphore Phocas.
969. { Jean Zimiscès. / Basile II. / Constantin VIII.
976. { Basile II. / Constantin VIII.

XIe SIÈCLE.

1028. Romain III, Argyre.
1034. Michel IV, le Paphlagonien.
1041. Michel V, Calafate.
1042. { Zoé et Théodora sa sœur. / Constantin IX, Monomaque.
1054. Théodora, seule.
1056. Michel IV, Stratiotique.
1057. Isaac Comnène.
1059. Constantin X, Ducas.
1067. { Eudocie. / Michel Parapinace et ses fils : Andronic et Constantin XI.
1068. Romain Diogène.
1071. Michel Parapinace, seul.
1078. { Nicéphore Botoniate. / Nicéphore Bryenne.
1081. Alexis I, Comnène.

XIIᵉ SIÈCLE.

1118. Jean Comnène.
1143. Manuel Comnène.
1180. Alexis II, Comnène.
1183. Andronic I, Comnène, le Vieux.
1185. Isaac, l'Ange.
1195. Alexis III, l'Ange, dit Comnène.

XIIIᵉ SIÈCLE.

1203. { Isaac, l'Ange, rétabli. Alexis IV.

1204. { Nicolas Canabé. Alexis Ducas, Murzuphle. Constantinople tombe au pouvoir des croisés. Baudouin IX, comte de Flandre, proclamé empereur à Constantinople, sous le nom de Baudouin I. Alexis I, Comnène, fonde l'empire de Trébizonde.

NOTA. Cet empire ayant eu peu d'importance, nous ne croyons pas devoir donner les noms de ses souverains.

1206. { Théodore Lascaris I, proclamé empereur grec, à Nicée. Henri I, empereur latin, à Constantinople.

1216. Pierre de Courtenai, empereur latin, à Constantinople.
1221. Robert de Courtenai, empereur latin, à Constantinople.
1222. Jean Ducas Vatace, empereur grec, à Nicée.
1228. Baudouin II, empereur latin à Constantinople, avec son oncle Jean de Brienne.
1237. Baudouin II, seul, à Constantinople.
1259. Théodore Lascaris II, empereur grec à Nicée.
1259. { Jean Lascaris et Michel Paléologue, empereurs grecs, à Nicée.
1261. Constantinople reprise par les Grecs.
1282. Andronic II, Paléologue, le Vieux.

XIVᵉ SIÈCLE.

1332. Andronic III, Paléologue, le Jeune.
1341. { Jean Cantacuzène. Jean Paléologue I.
1391. Manuel II, Paléologue.

XVᵉ SIÈCLE.

1425. Jean Paléologue II.
1448. Constantin XII, Paléologue.
1453. Mahomet II s'empare de Constantinople.

SULTANS OTTOMANS.

XIIIe SIÈCLE.

1299. Othman I.

XIVe SIÈCLE.

1326. Orkan.
1360. Amurat I.
1389. Bajazet.

XVe SIÈCLE.

1402. Soliman I.
1410. Musa.
1413. Mahomet I.
1421. Amurat II.
1451. Mahomet II.
1481. Bajazet II.

XVIe SIÈCLE.

1512. Sélim I.
1520. Soliman II.
1566. Sélim II.
1574. Amurat III.
1595. Mahomet III.

XVIIe SIÈCLE.

1603. Achmet I.
1617. Mustapha I.
1618. Othman II.
1622. Mustapha, rétabli.
1623. Amurat IV.
1640. Ibrahim.
1649. Mahomet IV.
1687. Soliman III.
1691. Achmet II.
1695. Mustapha II.

XVIIIe SIÈCLE.

1703. Achmet III.
1730. Mahmoud I.
1754. Othman III.
1757. Mustapha III.

1774. Abdul Hamid.
1789. Sélim III.

XIXe SIÈCLE.

1807. Mustapha IV.
1808. Mahmoud II.
1840. Abdul Medjid.

DUCS et ROIS de POLOGNE.

Ducs.

VIe SIÈCLE.

550. Lech et ses successeurs.

VIIe SIÈCLE.

700. Cracus.

VIIIe SIÈCLE.

750. Vanda.
760. Lechek I.
776. Lechek II.

IXe SIÈCLE.

804. Lechek III.
815. Popiel I.
840. Popiel II.
842. Piast.
861. Ziémowit.
892. Lechek IV.

Xe SIÈCLE.

913. Ziémomysl.
964. Mietchislas I.

Rois.

992. Boleslas I, l'Intrépide.

XIe SIÈCLE.

1025. Mietchislas II, le Fainéant.

1037. Rixa, régente.
Interrègne.
1041. Casimir I, le Moine.
1058. Boleslas II, le Hardi.

Ducs.

1081. Vladislas Herman.

XIIe SIÈCLE.

1102. Boleslas III, Bouche-de-Travers.
1140. Vladislas II, le Cracheur.
1147. Boleslas IV, le Frisé.
1174. Mietchislas III, le Vieux.
1177. Casimir II, le Juste.
1194. Lechek V, le Blanc.

XIIIe SIÈCLE.

1202. Vladislas III, aux jambes minces.
1207. Lechek V, rétabli.
1227. Boleslas V, le Chaste.
1279. Lechek VI, le Noir.
1289. Henri, duc de Breslau.
1290. Interrègne.

Rois.

1295. Przémislas.
1296. Vladislas IV, Lokietch.
1300. Wenceslas, roi de Bohême.

XIVe SIÈCLE.

1306. Vladislas V, Lokietch, rétabli.
1333. Casimir III, le Grand.
1370. Louis, roi de Hongrie.
1382. Interrègne.
1385. Hedwige.
1386. Vladislas VI, Jaguellon.

XVe SIÈCLE.

1434. Vladislas VI, de Varna.
1444. Interrègne.
1447. Casimir IV, Jaguellonide.
1492. Jean-Albert.

XVIe SIÈCLE.

1501. Alexandre.
1506. Sigismond I, le Vieux.
1548. Sigismond II, Auguste.
1572. Interrègne.
1574. Henri de Valois.
1575. Interrègne.
Etienne Bathory.
1587. Sigismond III.

XVIIe SIÈCLE.

1632. Vladislas VII.
1648. Jean Casimir V.
1669. Michel Koribut.
1674. Jean III, Sobieski.
1697. Frédéric-Auguste I.

XVIIIe SIÈCLE.

1704. Stanislas Leczinski.
1709. Frédéric-Auguste I, rétabli.
1734. Frédéric-Auguste III.
1763. Interrègne.
1764. Stanislas Poniatowski.
1793. Partage définitif de la Pologne entre la Russie, la Prusse et l'Autriche.

XIXe SIÈCLE.

1807. Frédéric-Auguste, roi de Saxe, grand-duc de Varsovie.
1815. Alexandre Ier, empereur de Russie, roi de Pologne.

1826. Nicolas.
1830. Révolution.

COMTES PUIS ROIS DE PORTUGAL.

Comtes.

XIe SIÈCLE

1094. Henri de Bourgogne.

XIIe SIÈCLE.

1112. Alphonse I.

Rois.

1139. Alphonse I, proclamé roi.
1185. Sanche I.

XIIIe SIÈCLE.

1211. Alphonse II.
1223. Sanche II.
1248. Alphonse III.
1279. Denis, le Libéral.

XIVe SIÈCLE.

1325. Alphonse IV, le Brave.
1357. Pierre I, le Justicier.
1367. Ferdinand.
1383. Jean I.

XVe SIÈCLE.

1433. Édouard.
1438. Alphonse V, l'Africain.
1481. Jean II, le Parfait.
1495. Emmanuel, le Fortuné.

XVIe SIÈCLE.

1521. Jean III.
1557. Sébastien.
1578. Henri, cardinal.

1580. { Antoine.
       { Philippe I, roi d'Espagne.
1598. Philippe II.

XVIIe SIÈCLE.

1621. Philippe III.
1640. Jean IV, duc de Bragance.
1656. Alphonse VI.
1683. Pierre II.

XVIIIe SIÈCLE.

1706. Jean V.
1750. Joseph I.
1777. Dona Maria I, avec son mari Pierre III.
1786. Dona Maria, seule.
1792. Jean VI, régent.

XIXe SIÈCLE.

1807. Jean VI se retire au Brésil, qu'il érige en empire.
1816. Jean VI, roi.
1826. Pierre IV.
      Dona Maria II.
1827. Don Miguel, régent.
1828. Il usurpe le trône.
1833. Dona Maria II, rétablie.

RÉPUBLIQUE DES PROVINCES-UNIES, PUIS ROYAUME DE HOLLANDE ET DES PAYS-BAS.

Stathouders.

XVIe SIÈCLE.

1578. Guillaume I, prince d'Orange.

1584. Maurice de Nassau.

XVIIᵉ SIÈCLE.

1625. Frédéric-Henri.
1647. Guillaume II.
1650. Il n'y a point de Stathouder pendant 22 ans.
1672. Guillaume III, roi d'Angleterre.

XVIIIᵉ SIÈCLE.

1702. Il n'y a point de Stathouder pendant 45 ans.
1747. Guillaume-Charles Frison.
1751. Guillaume V.
1795. République Batave.

XIXᵉ SIÈCLE.

1806. Louis Napoléon, roi.
1810. Réunion de la Hollande
à la France.
1813. Guillaume, proclamé souverain des Pays-Bas.
1815. Il devient roi des Pays-
Bas.
1830. La Belgique se sépare
de la Hollande.
1840. Guillaume II.

DUCS PUIS ROIS DE PRUSSE.

Ducs relevant de la Pologne.

XVIᵉ SIÈCLE.

1525. Albert de Brandebourg.
1568. Albert-Frédéric.

XVIIᵉ SIÈCLE.

1618. Jean Sigismond.

1619. Georges-Guillaume.
1640. Frédéric-Guillaume I.

Ducs indépendants.

1657. La Prusse ducale reconnue indépendante par
Casimir, roi de Polo-
gne.
1688. Frédéric I, électeur de
Brandebourg.

Rois.

XVIIIᵉ SIÈCLE.

1701. Frédéric I prend le titre
de roi de Prusse.
1713. Frédéric-Guillaume I.
1740. Frédéric II, le Grand.
1786. Frédéric-Guillaume II.
1797. Frédéric-Guillaume III.

XIXᵉ SIÈCLE.

1840. Frédéric-Guillaume IV.

PRINCES PUIS TZARS ET EMPEREURS DE RUSSIE.

Princes.

IXᵉ SIÈCLE.

862. Rurik.
879. Oleg, régent.

Xᵉ SIÈCLE.

912. Igor.
945. Olga, régente.
955. Sviatoslaf I.
973. Iaropolk.
980. Vladimir I.

XIᵉ SIÈCLE.

1015. Sviatopolk I.

1019. Iaroslaf.
1055. Iziaslaf.
1078. Vsévolod I.
1093. Sviatopolk II.

XIIᵉ SIÈCLE.

1113. Vladimir II.
1125. Mstislaf.
1132. Iaropolk II.
1140. Viatcheslaf.
    Vsévolod II.
1147. Igor II.
    Iziaslaf II.
1149. Georges I.
1150. Iziaslaf, rétabli.
1154. Rostislaf.
    Iziaslaf III.
1154. Georges I, rétabli.
1157. André I.
1175. Michel.
1177. Vsévolod III.

XIIIᵉ SIÈCLE.

1212. Georges II.
1217. Constantin.
1218. Georges II, rétabli.
1237. Iaroslaf II.
1247. Sviatoslaf II.
1249. André II.
1251. Alexandre I, Nevski.
1264. Iaroslaf III.
1272. Vasili I.
1276. Dimitri I.
1294. André III.

XIVᵉ SIÈCLE.

1304. Michel II.
1320. Georges III.
1323. Dimitri II.
1324. Alexandre II.

1328. Ivan I.
1341. Siméon I.
1353. Ivan II.
1360. Dimitri III.
1389. Vasili II.

XVᵉ SIÈCLE.

1425. Vasili III.
1462. Ivan III.

XVIᵉ SIECLE.

1505. Vasili IV.

Tzars.

1533. Ivan IV, tzar de Moskou.
1584. Fédor I.
1598. Boris Godounof.

XVIIᵉ SIÈCLE.

1605. Fédor II.
1606. Vasili-Chouïski.
1610. Interrègne.
1613. Michel III, Romanof.
1645. Alexis.
1676. Fédor III.
1682. Pierre - le - Grand   et
    Ivan V.

Empereurs.

1689. Pierre-le-Grand, seul.

XVIIIᵉ SIÈCLE.

1725. Catherine I.
1727. Pierre II.
1730. Anne.
1740. Ivan VI.
1741. Elisabeth.
1761. Pierre III.
1762. Catherine II.
1796. Paul I.
1801. Alexandre I.

1825. Nicolas.

COMTES DE MAURIENNE ET DE SAVOIE, PUIS DUCS DE SAVOIE ET ROIS DE SARDAIGNE.

XIe SIÈCLE.

1014. Bérold.
1027. Humbert-aux-Blanches-Mains.
1048 Amé ou Amédée I.
1072. Humbert II, le Renforcé.

XIIe SIÈCLE.

1108. Amédée II, Ier comte de Savoie.
1148. Humbert III, le Saint.
1188. Thomas.

XIIIe SIÈCLE.

1233. Amédée III.
1253. Boniface.
1263. Pierre.
1268. Philippe I.
1285. Amédée IV.

XIVe SIÈCLE.

1323. Edouard.
1329. Aimon.
1343. Amédée V, le Vert.
1383. Amédée VI, le Rouge.
1391. Amédée VII, le Pacifique, Ier duc de Savoie.

XVe SIÈCLE.

1451. Louis.
1465. Amédée VIII, le Bienheureux.
1472. Philibert I, le Chasseur.

1482. Charles I, le Guerrier.
1489. Charles II.
1496. Philippe II, Sans-Terre.
1497. Philibert II, le Beau.

XVIe SIÈCLE.

1504. Charles III, le Bon.
1553. Emmanuel-Philibert, Tête-de-Fer.
1580. Charles-Emmanuel I, le Grand.

XVIIe SIÈCLE.

1630. Victor-Amédée I.
1637. François-Hyacinthe.
1638. Charles-Emmanuel II.
1675. Victor-Amédée II.

Rois de Sardaigne.

XVIIIe SIÈCLE.

1720. Victor-Amédée II devient roi de Sardaigne.
1730. Charles-Emmanuel III.
1773. Victor-Amédée III.
1796. Charles-Emmanuel IV.
1798. Il se retire en Sardaigne pendant l'occupation de ses états continentaux par les Français.

XIXe SIÈCLE.

1802. Victor-Emmanuel IV.
1821. Charles-Félix.
1831. Charles-Albert.

DUCS PUIS ÉLECTEURS ET ROIS DE SAXE.

IXe SIÈCLE.

864. Brunon et Otton.

880. Otton, seul.

Xe SIÈCLE.

912. Henri I, l'Oiseleur, qui devint roi de Germanie.
936. Otton II, qui fut empereur sous le nom de Otton I.
960. Herman Billing.
973. Bennon ou Bernard I.

XIe SIÈCLE.

1010. Bernard II.
1062. Ordulphe.
1073. Magnus.

XIIe SIÈCLE.

1106. Lothaire, qui fut empereur sous le nom de Lothaire II.
1136. Henri-le-Superbe, duc de Bavière.
1139. Henri-le-Lion.
1180. Bernard III, d'Ascanie.

XIIIe SIÈCLE.

Electeurs.

1212. Albert I.
1260. Albert II.

XIVe SIÈCLE.

1308. Rodolphe I.
1356. Rodolphe II.
1370. Wenceslas.
1388. Rodolphe III.

XVe SIÈCLE.

1418. Albert III.

1423. Frédéric I, le Belliqueux.
1428. Frédéric II.
1464. Ernest.
1486. Frédéric III, le Sage.

XVIe SIÈCLE.

1525. Jean, le Constant.
1532. Jean-Frédéric, le Magnanime.
1548. Maurice.
1553. Auguste, le Pieux.
1586. Christian I.
1591. Christian II.

XVIIe SIÈCLE.

1611. Jean-Georges I.
1656. Jean-Georges II.
1680. Jean-Georges III.
1691. Jean-Georges IV.
1694. Frédéric-Auguste, qui devint roi de Pologne.

XVIIIe SIÈCLE.

1733. Frédéric-Auguste II, roi de Pologne.
1763. Frédéric-Christian.
Frédéric Auguste III.

XIXe SIÈCLE.

1807. Frédéric-Auguste devient roi de Saxe et duc de Varsovie.
1827. Antoine-Clément.
1836. Frédéric-Auguste.

COMTES puis ROIS de SICILE.

La Sicile était depuis près de deux siècles et demi au pouvoir des Sarrazins, qui l'avaient conquise sur les Grecs, lorsque Roger, frère de Robert Guiscard, duc de Pouille et de Calabre, acheva de s'en emparer par la prise de Palerme en 1072; il en fut nommé comte par son frère Robert.

Comtes.

XIe SIÈCLE.

1072. Roger I.

XIIe SIÈCLE.

1101. Roger II.
1127. Il devient duc de Pouille et de Calabre.

Rois.

1129. Roger obtient de l'anti-pape Anaclet le titre de roi de Sicile.
1154. Guillaume I. le Mauvais.
1166. Guillaume II, le Bon.
1189. Tancrède.
1194. { Guillaume III. Constance et Henri VI, son mari, empereur.
1197. Frédéric, empereur.

XIIIe SIÈCLE.

1250. Conrad I, empereur.
1254. Conrad II.
1258. Mainfroi.
1266. Charles I, comte d'Anjou.
1282. Pierre, roi d'Aragon.
1285. Jacques.
1296. Frédéric II.

XIVe SIÈCLE.

1337. Pierre II.

1342. Louis.
1355. Frédéric III, dit le Simple.
1377. { Marie. Martin-le-Jeune.

XVe SIÈCLE.

1402. Martin-le-Jeune , seul.
1409. Martin II, le Vieux, roi d'Aragon.
1410. Interrègne.
1412. Ferdinand de Castille, le Juste, roi d'Aragon.
1416. Alphonse - le - Magnanime.
1435. Il devient roi de Naples.
1458. Jean, roi d'Aragon et de Navarre.
1479. Ferdinand - le - Catholique, roi d'Espagne.

XVIe SIÈCLE.

1516. Charles - Quint, empereur.
1554. Philippe II, roi d'Espagne et de Naples.
1598. Philippe III, *id.*

XVIIe SIÈCLE.

1621. Philippe IV, roi d'Espagne et de Naples.
1665. Charles II, *id.*
1700. Philippe V, *id.*

XVIIIe SIÈCLE.

1713. Victor-Amédée , duc de Savoie.
1720. Charles VI , empereur.

Rois des Deux-Siciles.

1735. Don Carlos, roi de Na-
      ples.
1759. Ferdinand III ou I , roi
      de Naples.

XIXe SIÈCLE.

1806. Le trône de Naples lui est
      enlevé.
1830. Ferdinand IV ou II.
1834. Ferdinand V ou III.

ROIS DE SUÈDE.

Ve SIÈCLE.

481. Svartmannus.

VIe SIÈCLE.

509. Tordo I.
510. Rodolphus.
527. Agrinus.
548. Attila.
564. Tordo II.
582. Algorus.

VIIe SIÈCLE

606. Godstagus.
630. Arthus.
649. Haquin I.
670. Charles I.
676. Charles II.
685. Birger.
700. Eric I.

VIIIe SIÈCLE.

717. Tordo III.
764. Biorne I.
780. Alaric.

IXe SIÈCLE.

813. Biorne II.
824. Bretemunder.
827. Sivast.
842. Héroth.
856. Charles III.
883. Ingelde I.
891. Olaüs I.
900. Ingelde II.

Xe SIÈCLE.

907. Eric II.
926. Eric III.
940. Eric IV.
980. Olaüs II.

XIe SIÈCLE.

1018. Amoud I.
1037. Amoud II.
      Haquin II.
1054. Stenchil.
1059. Ingelde III.
1064. Helsten.
1080. Philippe.

XIIe SIÈCLE.

1110. Ingelde IV.
1129. Ragualde.
      Magnus I.
1133. Suercher.
1141. Eric V, le Saint.
1162. Charles IV.
1168. Canut-Erikson.
1192. Suercher.

XIIIe SIÈCLE.

1210. Eric VI.
1220. Jean I.

1223. Eric VII, le Bègue.
1250. Valdemar.
1279. Magnus II.
1290. Birger II.

XIVe SIÈCLE.

1320. Magnus III.
1365. Albert.
1388. Marguerite, reine de Danemark.
1396. Eric VIII et Marguerite.

XVe SIÈCLE.

1412. Eric VIII, seul.
1441. Christophe, roi de Danemark.
1448. Charles V, Canutson.
1470. Interrègne.
1497. Jean de Danemark.

XVIe SIÈCLE.

1501. Interrègne.
1520. Christiern.
1528. Gustave-Vasa.
1560. Eric IX.
1568. Jean III.
1592. Sigismond.

XVIIe SIÈCLE.

1604. Charles VI.
1611. Gustave-Adolphe.
1632. Christine.
1654. Charles-Gustave.
1660. Charles VIII.
1697. Charles XII.

XVIIIe SIÈCLE.

1718. Ulrique Eléonore avec son mari Frédéric I.

1741. Frédéric, seul.
1751. Adolphe-Frédéric.
1771. Gustave III.
1792. Gustave IV, Adolphe.

XIXe SIÈCLE.

1809. Charles XIII.
1818. Charles - Jean (Bernadote).

DUCS ou GRANDS-DUCS DE TOSCANE.

IXe SIÈCLE.

828. Boniface I.
847. Adalbert I.
890. Adalbert II.

Xe SIÈCLE.

917. Gui.
929. Lambert.
931. Boson.
936. Hubert ou Humbert.
961. Hugues-le-Grand.

XIe SIÈCLE.

1002. Adalbert III.
1014. Raginaire ou Reinier.
1027. Boniface II, le Pieux.
1052. Frédéric, dit aussi Boniface.
1055. Béatrix et Godefroi-le-Barbu.
1076. Mathilde, appelée la Grande-Comtesse, et Welfe son époux.

XIIe SIÈCLE.

1115. Après la mort de Mathilde, la Toscane n'eut
que des gouverneurs
pendant 18 ans.
1133. Henri-le-Superbe, duc
de Bavière.
1139. Uldéric, comte de Lenz-
bourg.
1153. Welfe d'Est.
1195. Philippe.

XIIIe SIÈCLE.

1208. Florence république.

Après avoir été longtemps
déchirée par les factions des
Blancs et des *Noirs* et avoir
eu des magistrats revêtus de
titres divers, elle finit par se
donner pour gouverneurs des
gonfaloniers, au nombre desquels on voit paraître, à la fin
du XIVe siècle, le riche banquier *Jean de Médicis*, surnommé le *Père des pauvres*,
et tige d'une maison féconde
en grands hommes, au nom-
bre desquels on doit citer
les suivants :

XVe SIÈCLE.

1430. Côme de Médicis, fils de
Jean, et surnommé le
Père de la patrie.
1460. Pierre de Médicis, son
fils.
1472. Laurent de Médicis, dit le
Père des muses, prin-
ce de la république.
1492. Pierre II de Médicis.
1495. Il est chassé de Florence.

XVIe SIÈCLE.

1512. Les Médicis rétablis à
Florence.
1531. Alexandre de Médicis.
1537. Cosme.
1574. François-Marie.
1587. Ferdinand.

XVIIe SIÈCLE.

1609. Cosme II.
1621. Ferdinand II.
1670. Cosme III.

XVIIIe SIÈCLE.

1723. Jean Gaston.
1737. François de Lorraine,
depuis empereur.
1766. Pierre-Léopold-Joseph.
1790. Ferdinand-Joseph.

XIXe SIÈCLE.

Rois d'Etrurie.

1801. Louis I.
1803. Charles-Louis II.
1807. La Toscane est cédée à
la France.
1814. Ferdinand III.
1825. Léopold II.

DUCS HÉRÉDITAIRES
DE TOULOUSE ET D'AQUITAINE.

VIIe SIÈCLE.

637. Boggis et Bertrand.
688. Eudes.

VIIIᵉ SIÈCLE.

735. Hunald.
745. Vaïfre.
767. L'Aquitaine est réunie au royaume de France.

Comtes héréditaires de Toulouse.

IXᵉ SIÈCLE.

852. Raymond I.
864. Bernard.
875. Odon.

Xᵉ SIÈCLE.

918. Raymond II.
923. Raymond III.
950. Guillaume III.

XIᵉ SIÈCLE.

1037. Pons.
1060. Guillaume IV.
1088. Raymond IV.

XIIᵉ SIÈCLE.

1105. Bertrand.
1112. Alphonse Jourdain.
1148. Raymond V.
1194. Raymond VI.

XIIIᵉ SIÈCLE.

1222. Raymond VII.
1249. Alphonse.
1271. Philippe III, roi de France, recueille sa succession.

COMTES D'ALBON, PUIS DE GRENOBLE, ET DAUPHINS DE VIENNOIS.

Le Dauphiné, après avoir successivement appartenu aux Bourguignons et aux Francs, et avoir fait partie des royaumes de Provence et de Bourgogne, passa peu à peu dans les mains des comtes d'Albon, dans le diocèse de Vienne.

XIᵉ SIÈCLE.

1044. Guigues I, le Vieux, comte d'Albon.
1063. Guigues II, le Gras; il prit le titre de comte de Grenoble.
1080. Guigues III.
Guigues IV, premier dauphin.

XIIᵉ SIÈCLE.

1142. Guigues V, premier comte de Vienne.
1162. Béatrix et Hugues, ducs de Bourgogne.

XIIIᵉ SIÈCLE.

1228. André ou Guigues VI; il réunit l'Embrunois et le Gapençois au Dauphiné.
1237. Guigues VII.
1269. Jean I.
1281. Anne et Humbert I, baron de la Tour-du-Pin.

XIVᵉ SIÈCLE.

1307. Jean II.

1319. Guigues VIII.
1333. Humbert II, dernier dauphin.
1343. Le Dauphiné est cédé à la France.
1349. Réunion définitive du Dauphiné.

COMTES,
PUIS DUCS, ÉLECTEURS ET ROIS DE WURTEMBERG.

XIIIᵉ SIÈCLE.

1250. Ulric I.
1265. Ulric II et Eberhard I.

XIVᵉ SIÈCLE.

1325. Ulric III.
1344. Eberhard II et Ulric IV.
1392. Eberhard III.

XVᵉ SIÈCLE.

1417. Eberhard IV, le Jeune.
1419. Louis I et Ulric V.
1450. Louis II.
1457. Eberhard V, le Barbu.

1496. Eberhard VI, le Jeune.
1498. Ulric VI.

XVIᵉ SIÈCLE.

1550. Christophe-le-Pacifique.
1568. Louis III.
1593. Frédéric.

XVIIᵉ SIÈCLE.

1608. Jean-Frédéric.
1628. Eberhard VII.
1574. Guillaume-Louis.
1677. Louis ou Eberhard-Louis.

XVIIIᵉ SIÈCLE.

1733. Charles-Alexandre.
1737. Charles ou Charles-Eugène.
1793. Louis-Eugène.
1795. Frédéric-Eugène.
1797. Frédéric - Guillaume - Charles.

XIXᵉ SIÈCLE.

1805. Il devient roi.
1816. Guillaume I.

SECONDE PARTIE.

TABLEAUX

PRÉSENTANT LA SÉRIE CHRONOLOGIQUE

DES PRINCIPAUX ÉVÉNEMENTS

DE

L'HISTOIRE UNIVERSELLE

DEPUIS LA CRÉATION JUSQU'A NOS JOURS.

LIVRE PREMIER.

HISTOIRE SAINTE.

(Extrait de l'*Art de vérifier les dates* et de la *Petite Histoire Sainte* de M. ANSART.)

§ I. PREMIÈRE ÉPOQUE.

Le Monde avant le Déluge.

Années 4004 à 2348 ou 4963 à 3308 avant J.-C.

Chronologie usuelle.	Chronologie des Bénédictins [*].	
4004.	4963.	Création du monde. Adam et Ève, Caïn et Abel.
3874.	4834.	Naissance de Seth. Ce troisième fils d'Adam est regardé comme le second des dix patriarches *anté-diluviens*.

(*) Cette Chronologie étant celle qui est adoptée pour l'enseignement des colléges, nous avons cru devoir la présenter à côté de celle d'Ussérius dont Bossuet et une foule d'autres auteurs ont fait usage, et qui est encore communément suivie.

Chronologie usuelle.	Chronologie des Bénédictins.	
3769.	4729.	Enos, troisième patriarche.
3679.	4639.	Caïnan.
3609.	4569.	Malaléel.
3544.	4504.	Jared.
3382.	4342.	Hénoch.
3317.	4277.	Mathusalem.
3130.	4090.	Lamech.
3018.	3978.	Hénoch enlevé au ciel.
2948.	3908.	Noé, dixième patriarche.
2468.	3428.	Dieu, irrité de la corruption des hommes, prend la résolution d'anéantir l'espèce humaine par un déluge, et ordonne au juste Noé de construire l'Arche.
2448.	3408.	Naissance de Sem, fils aîné de Noé, suivie bientôt de celle de ses deux frères, Cham et Japheth.
2348.	3308.	Mort de Mathusalem, celui des hommes qui a le plus vécu. Déluge universel.

§ II. Seconde époque.

Renouvellement, multiplication et dispersion du genre humain.

Années 2348 à 1926 ou 3308 à 2296 avant J.-C.

2346.	3306.	Arphaxad, deuxième patriarche *post-diluvien*. Son père Sem est le premier de ces patriarches.
2311.	3171.	Salé.
2281.	3041.	Héber.
2247.	2907.	Phaleg. De son temps arrivent la construction de la tour de Babel et la dispersion des hommes.
2217.	2777.	Réhu.
2185.	2645.	Sarug.
2155.	2515.	Nachor.
2126.	2436.	Tharé.
1998.	2958.	Mort de Noé.
1996.	2966.	Abraham.

§ III. Troisième époque.

Origine et commencements du Peuple de Dieu.

Années 1926 à 1452 ou 2296 à 1605 avant J.-C.

Chronologie usuelle.	Chronologie des Bénédictins.	
1926.	2296.	Vocation d'Abraham.
1920.	2289.	Voyage d'Abraham en Egypte.
1912.	2281.	Sodome prise par Codorlahomor.
1910.	2280.	Naissance d'Ismaël, fils d'Abraham et de sa servante Agar.
1897.	2267.	Renouvellement de l'alliance de Dieu avec Abraham. Circoncision.
1896.	2266.	Naissance d'Isaac.
1891.	2261.	Ismaël est chassé avec sa mère de la maison de son père.
1871.	2241.	Sacrifice d'Abraham.
1856.	2226.	Isaac épouse Rébecca.
1836.	2206.	Naissance d'Esaü et de Jacob.
1821.	2191.	Mort d'Abraham.
1759.	2129.	Jacob est béni par Isaac à la place d'Esaü.
1752.	2122.	Jacob épouse Lia et ensuite Rachel.
1752.	2119.	Ruben, fils aîné de Jacob.
1751.	2118.	Siméon, second fils de Jacob.
1749.	2117.	Lévi.
1748.	2116.	Juda et Dan.
1747.	2115.	Nephthali et Gad.
1746.	2114.	Azer, Issachar et Zabulon.
1745.	2112.	Joseph, onzième fils de Jacob, premier de Rachel, son épouse bien-aimée.
1739.	2109.	Jacob revient en Chanaan.
1729.	2097.	Enlèvement de Dina.
1729.	2096.	Naissance de Benjamin. Mort de Rachel. Joseph vendu par ses frères.
1718.	2093.	Joseph mis en prison.
1716.	2090.	Joseph explique le songe de Pharaon.
1714.	2088.	Manassé, fils aîné de Joseph.
1713.	2087.	Ephraïm, second fils de Joseph.

Chronologie usuelle.	Chronologie des Bénédictins.	
1707.	2082.	Premier voyage des frères de Joseph en Egypte.
1701.	2076.	Jacob et sa famille établis en Egypte.
1689.	2059.	Mort de Jacob.
1635.	2003.	Mort de Joseph.
1574.	1728.	Aaron, frère aîné de Moïse.
1571.	1725.	Naissance de Moïse.
1491.	1645.	Sortie d'Egypte.

§ IV. QUATRIÈME ÉPOQUE.

Le Peuple de Dieu sous le gouvernement des Anciens et des Juges.

Années 1452 ou 1605 à 1080 avant J.-C.

1452.	1605.	Entrée des Israélites dans la Terre promise. Moïse meurt sur le mont Nébo, à l'âge de 120 ans.
1434.	1580.	Mort de Josué.
1413.	1562.	Première servitude.
1405.	1554.	Judicature d'Othoniel.
1342.	1514.	Deuxième servitude.
1324.	1496.	Judicature d'Aod.
1285.	1416.	Troisième servitude.
1265.	1396.	Judicature de Débora et Barac.
1252.	1356.	Quatrième servitude.
1245.	1349.	Judicature de Gédéon.
1205.	1261.	Cinquième servitude.
1187.	1243.	Judicature et vœu imprudent de Jephté.
1156.	1212.	Sixième servitude.
1155.	1191.	Naissance de Samson.
1135.	1172.	Judicature de Samson.
1111.	1142.	Mort de Samson.
1116.	1112.	L'Arche prise par les Philistins
1092.		Judicature de Samuel.

§ V. CINQUIÈME ÉPOQUE.

Le Peuple de Dieu sous le gouvernement des Rois.

Années 1080 à 606 avant J.-C.

Années
avant
Jésus Christ.

1080. Saül sacré roi par Samuel.

1062. Grande victoire de Saül sur les Ammonites.

1054. Victoire de Saül sur Agag, roi des Amalécites.
Il est réprouvé par le Seigneur.

1051. David est sacré secrètement par Samuel.

1048. Victoire de David sur le géant Goliath.

1047. Nouvelle victoire de David sur les Philistins.

1042. Mort du prophète Samuel.

1040. Défaite et mort de Saül.
David est reconnu roi par la tribu de Juda.

1038. Guerre entre David et Isboseth, fils de Saül.

1033. David reconnu roi par toutes les tribus.

1032. David transporte sa résidence à Jérusalem.

1029. Il y fait apporter l'Arche d'alliance.

1024. David commet deux grands crimes.

1017. Naissance de Salomon.

1012. Révolte d'Absalon.

1010. Mort d'Absalon.

1001. Révolte d'Adonias.
Mort de David.
Salomon lui succède.

998. Fondation du temple de Jérusalem.

991. Dédicace du temple.

962. Mort de Salomon. Son fils Roboam lui succède. Schisme
des dix tribus. Séparation des royaumes de Juda et
d'Israël.

ROIS DE JUDA.	ROIS D'ISRAEL.
962. Roboam.	Jéroboam.
946. Abiam.	
944. Asa.	
943.	Nadab.
942.	Baaza.

Années avant J.-C.	ROIS DE JUDA.	ROIS D'ISRAEL.
919.		Ela.
918.		Zamri.
918.		Amri.
907.		Achab.
		Vigne de Naboth.
		Les prophètes Élie et Elisée.
904.	Josaphat.	
888.		Ochozias.
887.		Joram.
880.	Joram.	
876.	Ochosias. (Athalie.)	Jéhu.
870.	Joas.	
848.		Joachas.
832.		Joas.
831.	Amasias.	
817.		Jéroboam II. Prédication de Jonas.
803.	Ozias ou Azarias.	
766.		Zacharie.
765.		Sellum.
765.		Manahem.
754.		Phaceïa.
753.		Phacée.
752.	Joathan.	
737.	Achaz.	
726.		Osée.
723.	Ezéchias.	
718.		Destruction du royaume de Samarie. Tobie.
694.	Manassès.	
658.	Béthulie, assiégée par Holopherne, est délivrée par Judith.	
640.	Amon.	
639.	Josias.	
609.	Joachas.	
608.	Eliakim ou Joakim.	

§ VI. Sixième époque.

Les Juifs pendant la Captivité de Babylone et sous la domination des rois de Perse.

Années 606 à 332 avant J.-C.

Années
avant J.-C.

606. Captivité de Babylone.
    Daniel et ses compagnons.
    La chaste Suzanne.
598. Jéchonias ou Joakim.
597. Sédécias.
587. Destruction de Jérusalem, du temple et du royaume de Juda.
586. Les jeunes Hébreux dans la fournaise.
569. Nabuchodonosor privé de la raison.
561. Daniel dans la fosse aux lions.
536. Edit de Cyrus qui met fin à la captivité de Babylone. Les Juifs reviennent à Jérusalem, sous la conduite de Zorobabel et du grand-prêtre Jésus ou Josué.
519. Esther choisie pour épouse par Assuérus.
516. Dédicace du nouveau temple de Jérusalem.
510. Ruine d'Aman ; élévation de Mardochée.
502. Joakim succède, comme grand-prêtre, à son père Jésus.
462. Eliasib succède à Joakim.
454. Reconstruction des murs de Jérusalem.
453. Les Livres saints mis en ordre par Esdras.
441. Joïadas II, grand-prêtre.
397. Le grand-prêtre Jonathan, successeur de Joïadas, tue son frère Jésus au milieu même du temple.
351. Révolte des Juifs contre le roi de Perse.
350. Jaddus, grand-prêtre.

§ VII. Septième époque.

La Judée sous les successeurs d'Alexandre, sous les Macchabées et sous les Romains.

Années 332 à 6 avant l'ère chrétienne.

332. La Judée conquise par Alexandre-le-Grand.
324. Onias I succède à son père Jaddus.

Années
avant J.-C.

323. Mort d'Alexandre-le-Grand.

320. La Judée sous la domination du roi d'Egypte, Ptolémée Soter.

300. Simon-le-Juste succède dans le souverain pontificat à son père, Onias I.

292. Onias II, encore enfant, succède à son père sous la tutelle de son oncle Eléazar, qui exerce à sa place la grande sacrificature.

284. La Judée passe au pouvoir du roi de Syrie.

279. La Judée rentre sous la domination des rois d'Egypte.

277. Ptolémée Philadelphe fait faire la *version des Septante*.

260. Manassé usurpe le souverain pontificat.

233. Onias II, grand-prêtre.

219. Simon II succède à Onias II.

203. La Judée conquise par Antiochus-le-Grand.

202. Elle est reprise par le roi d'Egypte.

201. Elle retombe au pouvoir d'Antiochus.

198. Elle est donnée par lui à Ptolémée Epiphanes.

195. Onias III succède à Simon II.

186. La Judée définitivement réunie au royaume de Syrie.

176. Châtiment d'Héliodore.

175. Joshua achète le souverain pontificat.

172. Ménélaüs l'usurpe à son tour.

170. Révolte des Juifs contre Antiochus Epiphanes.

168. La Judée ravagée par Apollonius.

167. Mathathias et ses cinq fils se déclarent les vengeurs de leur peuple et de leur religion

166. Judas Macchabée succède à Mathathias; ses premières victoires.

165. Nouvelles victoires de Judas Macchabée.

164. Judas Macchabée, à la suite d'une cinquième victoire, entre dans Jérusalem et y rétablit le culte du vrai Dieu.

162. Judas reconnu par le roi de Syrie comme chef de la nation juive.

161. Judas, vainqueur à Béthoron et à Béthel, périt enseveli dans son triomphe ; son frère Jonathas lui succède.

153. Jonathas reconnu aussi comme grand-prêtre.

144. Simon succède à son frère Jonathas.

141. L'autorité souveraine et le grand pontificat sont déclarés héréditaires dans sa famille.

135. Jean Hyrcan succède à son père Simon.

107. Aristobule I, son fils, prend le titre de roi.

106. Alexandre Jannée succède à son frère.

79. Alexandra, sa veuve, lui succède.

70. Hyrcan II succède à sa mère.

69. Aristobule II détrône son frère Hyrcan.

63. Hyrcan II rétabli par Pompée.

40. Antigone, fils d'Aristobule, est mis sur le trône par les Parthes, qui emmènent Hyrcan en captivité.

36. Hérode, avec le secours des Romains, monte à son tour sur le trône.

§ VIII. Huitième époque.

La Nation juive depuis la naissance de Jésus-Christ jusqu'à son entière dispersion.

De l'an 6 avant l'ère chrétienne à l'an 136 de Jésus-Christ.

6. 25 décembre. Jésus-Christ vient au monde dans l'étable de Bethléem.

4. Mort d'Hérode; la royauté est abolie; cependant ses quatre fils héritent de ses états.

30. Jésus-Christ, baptisé par saint Jean-Baptiste, commence la prédication de son évangile.

32. Saint Jean-Baptiste décapité par l'ordre d'Hérode Antipas.

33. Jésus-Christ accomplit sur le Calvaire le sanglant sacrifice, prix de la rédemption du genre humain.

37. Hérode-Agrippa reçoit des Romains le titre de roi de Judée.

44. Hérode.

49. Agrippa II.

66. Révolte des Juifs contre les Romains.

67. Vespasien commence la conquête de la Judée.

70. Titus, son fils, prend d'assaut et détruit Jérusalem.

135. Les Juifs, qui avaient essayé une nouvelle révolte contre les Romains, sont complétement dispersés ou exterminés.

LIVRE II.

HISTOIRE ANCIENNE DE L'ASIE ET DE L'AFRIQUE.

Extrait de l'Art de vérifier les dates.

2300. Dispersion des hommes.

La plus grande partie de l'Asie est peuplée par les descendants de Sem ; cependant la postérité de Japhet occupe une partie des régions occidentales ; celle de Cham se répand dans la Babylonie et la terre de Chanaan et peuple la plus grande partie de l'Afrique.

Fondation des premiers Etats, au nombre desquels il faut placer, sans doute, ceux qui s'élevèrent dans l'Inde et dans la Chine, dans la Phrygie, dans la terre de Chanaan, où les descendants de ce fils de Cham bâtirent successivement Sidon et Tyr, sur les bords de l'Euphrate, où Nemrod fonde le royaume de Babylone, tandis qu'Assur va s'établir sur les rives du Tigre. D'autres royaumes se forment dans l'Ethiopie et plus tard dans l'Egypte, qui reste longtemps partagée en plusieurs principautés.

2023. Bélus, l'un des successeurs d'Assur, monte sur le trône d'Assyrie.

1993. Bélus réunit à son royaume celui de Babylone et fonde ainsi le premier empire d'Assyrie.

1968. Ninus, fils et successeur de Bélus. Il s'illustre par ses conquêtes et bâtit la grande ville de Ninive.

1916. Sémiramis, veuve de Ninus, le surpasse encore par ses exploits et par la magnificence des monuments dont elle embellit la ville de Babylone.

1874. Ninyas, fils dégénéré de Ninus et de Sémiramis, se plonge dans la mollesse et les plaisirs ; ses successeurs imitent son exemple. Décadence de l'empire d'Assyrie.

1600. Fondation du royaume de Troie par Scamandre. Teucer, puis Dardanus, Tros et Ilus lui succèdent.

Années
avant J.-C.

1573. Fondation du royaume de Lydie.

1424. Mœris, roi d'Egypte. Il règne soixante-huit ans et fait creuser le lac auquel il a donné son nom.

1356. Sésostris, roi d'Egypte, succède à Mœris et s'illustre par d'immenses conquêtes en Afrique et en Asie, et pénètre jusque dans la Thrace. Les Pharaons, ses successeurs, gouvernent l'Egypte pendant plusieurs siècles.

1334. Troie prise et détruite par Hercule, qui tue son roi Laomédon, mais laisse le trône à Priam, fils de ce prince.

1292. Æètes, roi de Colchide et père de Médée, reçoit à sa cour Jason et les Argonautes.

1270. Prise de Troie par les Grecs après un siége de dix ans.

1220. Dynastie des rois de Lydie de la race d'Hercule.

1200. Etablissement des principales colonies grecques sur les côtes de l'Asie-Mineure et dans les îles voisines.

1178. Chéops, et, après lui, Chéphren, Mycérinus et Asychis, rois d'Egypte, font construire les fameuses pyramides.

1031. Hiram, roi de Tyr, fait alliance avec David et ensuite avec Salomon, auquel il fournit des bois et des ouvriers pour la construction du Temple et des principaux édifices de Jérusalem.

1012. La Syrie et toutes les contrées voisines de la Judée tombent sous la domination de David et restent soumises à son fils Salomon.

991. Le Pharaon égyptien fait alliance avec Salomon.

958. Sésac, roi d'Egypte, pille Jérusalem.

935. Sabacon, roi d'Ethiopie, qui avait conquis l'Egypte et envahi la Judée à la tête d'un million d'hommes, est défait par Asa, roi de Juda.

926. Ithobal, père de Jézabel, roi de Tyr.
Ben-Hadad Ier, roi de Damas, en Syrie, commence les guerres contre les rois d'Israël.

900. Ben-Hadad II, roi de Damas, se signale par ses exploits et par ses crimes.

876. Hazaël lui donne la mort et règne à sa place. Il ravage le royaume d'Israël et celui de Juda, auquel il enlève les ports de la mer Rouge.

865. Didon, sœur de Pygmalion, roi de Tyr, fuyant la tyrannie de son frère, va fonder Carthage sur la côte d'A-
frique.

797. Avénement de Sardanapale, le plus efféminé et le dernier
des souverains du premier empire d'Assyrie.

753. Sardanapale, assiégé dans sa capitale par les gouverneurs
de Médie et de Babylone révoltés contre lui, se brûle
avec ses femmes et ses trésors pour ne pas tomber
entre leurs mains.

Démembrement du premier empire d'Assyrie : la Médie
reste indépendante sous Arbacès. Bélésis devient roi
de Babylone et Phul de Ninive.

747. Commencement de l'Ère de Nabonassar, ainsi nommée
du prince qui monta cette année sur le trône de Babylone.

742. Téglat-Phalasar succède à Phul sur le trône de Ninive ou
d'Assyrie et fait des conquêtes aux dépens du royaume
de Damas, qu'il réunit à ses états, et de celui d'Israël.

735. Avénement de Candaule au trône de Lydie.

733. Déjocès, proclamé roi de Médie, fait construire la ville
d'Ecbatane et gouverne du fond de son palais avec
une grande sévérité.

724. Salmanasar, successeur de Téglat-Phalasar au trône de
Ninive, assujettit au tribut les rois d'Israël.

718. Il met fin au royaume d'Israël ou de Samarie, et emmène
en captivité son roi Osée avec un grand nombre de ses
sujets.

717. Il attaque inutilement la puissante ville de Tyr.

713. Séthos, prêtre de Vulcain, monte sur le trône d'Egypte.

712. Sennachérib succède à Salmanasar sur le trône de
Ninive.

710. Il marche contre l'Egypte, qu'il ravage pendant trois années.

708. Gygès tue Candaule, roi de Lydie, et s'empare de son
trône.

707. Sennachérib a pour successeur Asar-Haddon.

690. Phraortès, fils et successeur de Déjocès, roi de Médie, se
signale par de grandes conquêtes.

687. Asar-Haddon s'empare du royaume de Babylone et le
réunit à ses états.

673. Douze seigneurs succèdent ensemble au roi d'Egypte Séthos et construisent à frais communs le fameux Laby-
rinthe.

673. Avénement au trône de Cappadoce de Pharnace, le premier roi de ce pays qui soit connu dans l'histoire.

671. Psammétique, l'un des douze successeurs de Séthos, reste
seul roi d'Egypte.

670. Psammétique fait la conquête du royaume de Juda.

667. Saosduchin ou Nabuchodonosor I, fils d'Asar-Haddon, lui
succède.

659. Saosduchin, attaqué par le roi de Médie, Phraortès, le
défait à la bataille de Ragaü, ravage son royaume, le
fait prisonnier et le met à mort. Cependant son fils
Cyaxare monte après lui sur le trône de Médie.

658. Holopherne, général de Saosduchin, périt devant Béthu-
lie. Depuis cette époque, le roi de Ninive n'éprouve
plus que des revers.

648. Les Scythes s'emparent de toute l'Asie occidentale et
pénètrent même jusqu'en Egypte. Ils restent, pendant
vingt-huit ans, maîtres de la Médie.

647. Chynaladan ou Sardanapale, successeur de Saosduchin,
roi d'Assyrie, se rend méprisable par sa mollesse.

627. Psammétique enlève aux Assyriens la ville d'Azot, en Palestine, après un siége de vingt-neuf ans, le plus long
dont il soit parlé dans l'histoire.

625. Prise de Ninive et destruction de son royaume par Nabopolassar, gouverneur de Babylone, allié de Cyaxare,
roi des Mèdes.

617. Néchao succède à Psammétique, roi d'Egypte. Sous son
règne, les Phéniciens font par son ordre le tour de
l'Afrique.

610. Alyatte monte sur le trône de Lydie.

607. Nabopolassar devient roi de Babylone, et soutient une
guerre malheureuse contre Néchao, roi d'Egypte.

605. Règne glorieux de Nabuchodonosor II, fils et successeur
de Nabopolassar.

Années
avant J.-C.

601. Une éclipse de soleil, prédite par le sage Thalès de Milet met fin à une bataille qui termina la guerre que se faisaient depuis six ans Cyaxare, roi de Médie, et Alyatte, roi de Lydie.

601. Psammis, roi d'Egypte.

595. Apriès ou Ophra, roi d'Egypte.

593. Cambyse, père de Cyrus, gouverne les Perses.

572. Prise de Tyr par Nabuchodonosor, après un siège de douze ans.

Nouvelle Tyr bâtie dans une île.

571. Nabuchodonosor fait la conquête de l'Egypte et en confie l'administration à Amasis.

569. Mort d'Apriès; Amasis reste paisible possesseur du trône.

561. L'Egypte est ravagée par les Assyriens sous le Pharaon Ophra.

560. Cyaxare II, roi des Mèdes.

555. Cyrus bat les Assyriens.

547. Il défait Crésus, roi de Lydie, à Thymbrée.

538. Il prend Babylone. Mort de Balthazar, dernier roi d'Assyrie.

536. Cyrus réunit la Médie à la Perse et à l'Assyrie conquise par ses armes Fondation de l'empire des Perses.

530. Cambyse, fils de Cyrus.

526. Psamménit, dernier roi d'Egypte.

525. Cambyse, roi de Perse, entre avec une grande armée dans l'Egypte et la subjugue.

522. Mort de Cambyse. Imposture de Smerdis le mage dévoilée. Darius Ier, fils d'Hystaspe, roi des Perses.

513. Il prend Babylone révoltée après un siège de dix-huit mois.

509. Expédition des Perses contre les Thraces.

508. Division de l'empire des Perses en vingt satrapies.

504. Révolte de l'Ionie.

500. Ruine de Sardes.

498. Soumission de l'Ionie.

496. Première guerre contre la Grèce.

491. Seconde guerre contre la Grèce.

486. Révolte de l'Egypte.

485. Xerxès succède à Darius; il soumet l'Egypte.

481. Xerxès envahit la Grèce.

480. Les Carthaginois sont vaincus par Gélon, tyran de Syracuse.

472. Assassinat de Xerxès. Troubles en Perse.

462. Artaxerxès Longue-main.

422. Guerres des Carthaginois en Sicile.

414. Extension de leur puissance en Afrique et en Sicile.

404. Artaxerxès Mnémon et le jeune Cyrus en Perse.

401. Bataille de Cunaxa. Retraite des Dix-mille.

338. Les Carthaginois sont vaincus par Timoléon de Syracuse.

336. Darius Codoman, dernier roi de Perse.

333. Les Perses battus aux batailles du Granique et d'Issus.

332. Conquête de la Phénicie par Alexandre-le-Grand. Prise de Tyr et de Gaza.

331. Conquête de l'Egypte. Bataille d'Arbelles. Mort de Darius. Alexandre achève la conquête de l'empire des Perses
Ses expéditions contre les Scythes et les Indiens.

323. Mort d'Alexandre-le-Grand, suivie bientôt de guerres sanglantes entre ses généraux pour le partage de sa succession.

311. Séleucus, l'un de ces généraux, qui devint quelques années plus tard le fondateur de l'empire et de la dynastie des Séleucides, s'empare de Babylone, où il entre en triomphe. De cet événement date l'*ère des Séleucides*.
Carthage assiégée par Agathocle, roi de Syracuse.

307. Après de sanglants débats, cinq des généraux d'Alexandre prennent le titre de rois dans les provinces de son empire dont ils sont restés les maîtres, savoir : Cassandre en Macédoine, Lysimaque en Thrace, Antigone avec son fils Démétrius dans l'Asie-Mineure et la Syrie, Séleucus dans la Haute-Asie, et Ptolémée, fils de Lagus, premier roi de la dynastie des Lagides, en Egypte.
Ce dernier prince, connu sous le nom de Ptolémée Soter, est le fondateur de la bibliothèque d'Alexandrie.

301. Bataille d'Ipsus ; mort d'Antigone ; les cinq royaumes réduits à quatre. Lysimaque ajoute à ses états l'Asie-

Mineure, Séleucus la plus grande partie de la Syrie, et Ptolémée le reste de cette province avec la Palestine et une partie de la Phénicie.

285. Ptolémée Soter abdique en faveur de son fils Ptolémée Philadelphe.

282. Lysimaque vaincu et tué par Séleucus.

281. Séleucus assassiné par Ptolémée Céraunus. Antiochus Soter, roi de Syrie.

277. Traduction de la Bible par les Septante faite à Alexandrie par l'ordre de Ptolémée Philadelphe.

274. Premier traité entre l'Egypte et Rome.

260. Antiochus Théos, roi de Syrie.

255. Arsace se révolte contre Antiochus et fonde l'empire des Parthes.

247. Ptolémée Evergète, roi d'Egypte.

246. Séleucus Callinicus, roi de Syrie.

242. Ptolémée envahit la Syrie, et protége la ligue achéenne.

241. Guerre de Carthage contre les mercenaires. Cette république envoie Amilcar en Espagne.

237. Ses conquêtes pendant huit années.

229. Asdrubal lui succède.

225. Séleucus Céraunus, roi de Syrie.

222. Antiochus-le-Grand, roi de Syrie.
　　　Ptolémée Philopator, roi d'Egypte.
　　　Antiochus réprime plusieurs révoltes.

220. Annibal succède à Asdrubal en Espagne.

219. Prise de Sagonte.

218. Annibal passe en Italie.

216. Bataille de Raphia, gagnée par Ptolémée, roi d'Egypte, sur Antiochus, roi de Syrie.

205. Ptolémée Epiphane, âgé de cinq ans, roi d'Egypte.

202. Les Romains arrêtent en Egypte les progrès d'Antiochus-le-Grand.

193. Annibal à la cour d'Antiochus.

189. Bataille de Magnésie, gagnée par L. Scipion.
　　　Fin de la guerre entre les Romains et Antiochus.

186. Séleucus Philopator remplace Antiochus assassiné.

183. Mort d'Annibal chez Prusias, roi de Bithynie.

181. Ptolémée Philométor, roi d'Egypte, sous la régence de
Cléopâtre, sa mère.
174. Antiochus Epiphane, roi de Syrie. Il envahit l'Egypte, et
en est chassé par Popilius.
164. Mort funeste d'Antiochus; son fils Eupator lui succède.
Décadence rapide de l'empire des Séleucides.
152. Démêlés de Carthage et de Massinissa, roi des Numides.
149. Les Romains déclarent la guerre aux Carthaginois.
146. Carthage prise et détruite par Scipion Emilien.
Ptolémée Evergète II ou Physcon, roi d'Egypte.
143. Réduction de l'Afrique en province romaine.
140. Démétrius Nicator, roi de Syrie, prisonnier des Parthes.
132. Attale III, roi de Pergame, lègue son royaume aux
Romains. Guerre contre Aristonic, prince de Pergame.
129. Réduction du royaume de Pergame en province romaine.
Crimes de Cléopâtre, reine de Syrie, depuis la captivité
d'Antiochus Sidètes.
123. Mithridate VI, roi de Pont.
121. Antiochus Gryphus fait périr sa mère Cléopâtre.
119. Mort de Micipsa, roi de Numidie.
118. Ses deux fils, Hiempsal et Adherbal, assassinés par Jugurtha.
117. Troubles de Syrie. Affaiblissement de l'empire des Séleucides.
Démêlés de Lathyre et d'Alexandre I, en Egypte.
Décadence du royaume des Lagides.
112. Calpurnius commence la guerre de Numidie.
108. Progrès de Mithridate-le-Grand en Asie-Mineure.
106. Guerre contre Jugurtha terminée par Marius, qui réduit
en province romaine la Numidie orientale.
89. Mithridate s'empare d'une partie de la Grèce.
85. Sylla bat les armées du roi de Pont en Grèce, puis en Asie.
Mithridate obtient la paix.
83. La Syrie se donne à Tigrane, roi d'Arménie.
81. Alexandre II, élevé sur le trône d'Egypte par Sylla.
80. Ptolémée-Aulètes lui succède.
75. Nicomède III lègue son royaume de Bithynie aux Romains.

74. Deuxième guerre contre Mithridate.

73. Succès de Lucullus.

71. Antiochus l'Asiatique, roi de Syrie.

69. Défaite de Tigrane, roi d'Arménie, allié de Mithridate.

66. Victoires de Pompée en Asie.

64. La Syrie réduite en province romaine.
    Mort de Mithridate.
    Le Pont est réduit en province romaine.

54. Guerre de Crassus contre les Parthes.

53. Sa défaite et sa mort.

52. Ptolémée Dionysius et Cléopâtre montent sur le trône
    d'Egypte.

48. César en Egypte, après la bataille de Pharsale.
    Mort de Dionysius.
    Ptolémée Néotéros.

47. Défaite de Pharnace, fils de Mithridate.

46. Le parti de Pompée vaincu en Afrique.

45. Mort de Caton d'Utique.

42. Antoine en Egypte auprès de Cléopâtre.

41. Les Parthes sont vaincus par Ventidius.

36. Expédition d'Antoine contre les Parthes.

31. Mort d'Antoine et de Cléopâtre.
    Réduction de l'Egypte en province romaine.

30. Phraate, roi des Parthes, renvoie à Auguste les aigles
    enlevées à Crassus.

 6. Naissance de Jésus-Christ.

LIVRE III.

HISTOIRE GRECQUE.

(Extrait de la table chronologique jointe au *Voyage du jeune Anacharsis*
complétée avec l'*Art de vérifier les dates.*)

Années
avant J.-C.

1970. Colonie conduite par Inachus à Argos.

1945. Phoronée, son fils.

1796. Déluge d'Ogygès dans la Béotie.

1657. Colonie de Cécrops à Athènes.

1594. Colonie de Cadmus à Thèbes.

1586. Colonie de Danaüs à Argos.

1580. Déluge de Deucalion aux environs du Parnasse, ou dans
la partie méridionale de la Thessalie.

1547. Commencement des arts dans la Grèce.

1458. Règne de Persée à Argos.

1362. Arrivée de Pélops dans la Grèce.

1360. Expédition des Argonautes.

1317. Première guerre de Thèbes entre Etéocle et Polynice,
fils d'OEdipe.

1314. Guerre de Thésée contre Créon, roi de Thèbes.

1310. Règne d'Atrée, fils de Pélops, à Argos.

1307. Seconde guerre de Thèbes, ou guerre des Epigones.

1270. Prise de Troie, dix-sept jours avant le solstice d'été.

1190. Conquête du Péloponnèse par les Héraclides.

1132. Mort de Codrus, dernier roi d'Athènes, et établissement
des archontes perpétuels dans cette ville.

1130. Passage des Ioniens dans l'Asie-Mineure. Ils y fondent les
villes d'Ephèse, de Milet, de Colophon, etc.

900. Homère.

884. Rétablissement des Jeux olympiques par Iphitus.

845. Législation de Lycurgue.

VIIIᵉ SIÈCLE AVANT J.-C.

776. Olympiade où Chorœbus remporta le prix du stade, et qui

a depuis servi de principale époque a la chronologie.

758. Les habitants de Chalcis, dans l'Eubée, envoient une co
lonie à Naxos, en Sicile.
Fondation de Crotone.

757. Syracuse fondée par les Corinthiens.

743. Commencement de la première guerre de Messénie.

703. Phalante, Lacédémonien, conduit une colonie à Tarente.

VIIe SIÈCLE AVANT J.-C.

684. Créon, premier archonte annuel à Athènes.

682. Commencement de la seconde guerre de Messénie.

668. Fin de la seconde guerre de Messénie par la prise d'Ira.

663. Cypsélus s'empare du trône de Corinthe.
Fondation de Byzance par les habitants de Mégare.

640. Naissance de Thalès, chef de l'école d'Ionie.

628. Mort de Cypsélus, tyran de Corinthe.
Son fils Périandre lui succède.

624. Archontat et législation de Dracon à Athènes.

611. Alcée et Sapho, poëtes, florissent.

608. Naissance de Pythagore ; il mourut âgé de 98 ans.

VIe SIÈCLE AVANT J.-C.

599. Fondation de Marseille.

597. Epiménide de Crète purifie la ville d'Athènes, souillée par
le meurtre des partisans de Cylon.

596. Solon, dans l'assemblée des Amphictyons, fait prendre la
résolution de marcher contre les habitants de Cyrrha,
accusés d'impiété envers le temple de Delphes.

594. Archontat et législation de Solon.

592. Arrivée du sage Anacharsis à Athènes.

590. Pittacus commence à régner à Mitylène.
Il conserve le pouvoir pendant dix ans. Prise et destruction de Cyrrha ou Crissa.

581. Première Pythiade, servant d'époque au calcul des années
où l'on célébrait les jeux publics à Delphes.

Années
avant J. C.

580. Premiers essais de la comédie par Susarion.
Pittacus abdique la tyrannie de Mitylène.
Quelques années après, Thespis donne les premiers essais
de la tragédie.
575. Anaximandre, philosophe de l'école ionique, devient célèbre.
574. Esope florissait.
573. Solon va en Egypte, puis à Sardes.
563. Mort de Périandre. Les Corinthiens recouvrent leur liberté.
560. Pisistrate usurpe le pouvoir souverain à Athènes.
559. Il est chassé de cette ville.
Solon meurt âgé de 80 ans.
557. Rétablissement de Pisistrate.
548. Incendie du temple de Delphes, rétabli ensuite par les
Alcméonides.
532. Anacréon, poëte, florissait.
527. Mort de Pisistrate, tyran d'Athènes. Ses fils Hippias et
Hipparque lui succèdent.
522. Mort de Polycrate, tyran de Samos, après onze ans de
règne.
519. Naissance du poëte Pindare.
513. Mort d'Hipparque, tyran d'Athènes, tué par Harmodius
et Aristogiton.
512. Hippias chassé d'Athènes.
504. Incendie de Sardes.

Ve SIÈCLE AVANT J.-C.

500. Naissance du philosophe Anaxagore.
497. Les Samiens s'emparent de Zancle, en Sicile.
496. Prise et destruction de Milet par les Perses.
491. Gélon s'empare de Géla.
490. Bataille de Marathon, gagnée par Miltiade.
489. Miltiade, n'ayant pas réussi au siége de Paros, est pour-
suivi en justice et meurt en prison.
485. Naissance d'Euripide. Gélon se rend maître de Syracuse.
Naissance d'Hérodote.

480. Combat des Thermopyles. Xerxès arrive à Athènes. Combat de Salamine. Le même jour, les Carthaginois sont défaits à Himère par Gélon.

479. Batailles de Platées et de Mycale.
Prise de Sestos.

474. Mort de Gélon. Hiéron, son frère, lui succède.
Rétablissement des murs d'Athènes.

471. Thémistocle banni par l'ostracisme.

470. Victoire de Cimon sur les Perses, auprès de l'Eurymédon.
Naissance de l'historien Thucydide.

469. Eschyle et Sophocle se disputent le prix de la tragédie, qui est décerné au second.
Naissance de Socrate. Cimon transporte les ossements de Thésée à Athènes.

468. Mort de Simonide, âgé de 90 ans.

467. Mort d'Aristide.

464. Tremblement de terre à Lacédémone.
Troisième guerre de Messénie, qui dura dix ans.

461. Cimon conduit les Athéniens au secours des Lacédémoniens, qui, les soupçonnant de perfidie, les renvoient : source de la mésintelligence entre les deux nations.
Exil de Cimon.

460. Naissance d'Hippocrate.
Ephialtès diminue l'autorité de l'Aréopage.

456. Les Athéniens, sous la conduite de Tolmidès, et ensuite de Périclès, ravagent les côtes de la Laconie.

452. Mort du poëte Pindare.

450. Trève de cinq ans entre les habitants du Péloponnèse et les Athéniens, par les soins de Cimon, qui avait été rappelé de son exil, et qui, bientôt après, conduisit une armée en Chypre.
Mort de Thémistocle, âgé de 65 ans.

449. Cimon contraint le roi de Perse à signer avec les Grecs un traité ignominieux pour ce prince.
Mort de Cimon.

444. Hérodote lit son histoire aux jeux Olympiques.
Périclès reste sans concurrents; il se mêlait de l'admini-

stration depuis vingt-cinq ans ; il jouit d'un pouvoir
presque absolu pendant quinze ans encore.

442. Euripide, âgé de 43 ans, remporte, pour la première fois,
le prix de la tragédie.

438. Les Athéniens envoient une colonie à Amphipolis.

Construction des propylées à la citadelle d'Athènes. In-
auguration de la statue de Minerve faite par Phidias.
Mort de cet artiste. Rétablissement de la comédie, in-
terdite trois ans auparavant.

436. La guerre commence entre les habitants de Corinthe et
ceux de Corcyre.

Naissance d'Isocrate.

Alors florissaient les philosophes Démocrite, Empédocle,
Hippocrate, Gorgias, Hippias, Prodicus, Zénon-d'É-
lée, Socrate.

431. Commencement de la guerre du Péloponnèse.

430. Peste à Athènes.

429. Naissance de Platon. Mort de Périclès.

426. Les Athéniens purifient l'île de Délos.

425. Ils s'emparent de Pylos dans le Péloponnèse.

424. Bataille de Delium, entre les Athéniens et les Béotiens,
qui remportent la victoire.

Socrate y sauve les jours au jeune Xénophon.

423. Première représentation des Nuées d'Aristophane.

Incendie du temple de Junon à Argos, dans la 56e année
du sacerdoce de Chrysis.

422. Bataille d'Amphipolis, où périssent Brasidas, général des
Lacédémoniens, et Cléon, général des Athéniens.

Trève de cinquante ans entre les Athéniens et les Lacédémoniens.

418. Prise d'Himère par les Carthaginois.

416. Alcibiade remporte le prix aux jeux Olympiques.

415. Expédition des Athéniens en Sicile.

413. L'armée des Athéniens est totalement défaite en Sicile.
Nicias et Démosthène mis à mort.

Exil d'Hyperbolus. Cessation de l'ostracisme.

412. Alcibiade quitte le parti des Lacédémoniens.

Dioclès donne des lois aux Syracusains.

411. Quatre cents citoyens mis à la tête du gouvernement d'Athènes.

410. Les Quatre-Cents sont déposés quatre mois après.

407. Mort du poëte Euripide.

406. Denys l'Ancien monte sur le trône de Syracuse.
Combat des Arginuses, où la flotte des Athéniens battit celle des Lacédémoniens.

405. Lysandre remporte une victoire signalée sur les Athéniens auprès d'Ægos-Potamos.
Prise d'Athènes.

404. Lysandre établit à Athènes trente magistrats connus sous le nom de *Tyrans*. Leur tyrannie est abolie huit mois après.

403. La démocratie rétablie à Athènes.
Archontat d'Euclide. Amnistie générale qui réunit tous les citoyens d'Athènes.
Adoption de l'alphabet ionique.

401. Bataille de Cunaxa. Retraite des *Dix-Mille*.

400. Mort de Socrate.

IVᵉ SIÈCLE AVANT J.-C.

393. Agésilas, roi de Lacédémone, défait les Thébains à Coronée.

391. Thucydide, rappelé de son exil, meurt.

387. Paix d'Antalcidas entre les Perses et les Grecs.

384. Naissance d'Aristote.

378. Pélopidas et les autres réfugiés thébains partent d'Athènes, et se rendent maîtres de la citadelle de Thèbes, dont les Lacédémoniens s'étaient emparés peu de temps auparavant.

377. Bataille navale auprès de Naxos, où Chabrias, général des Athéniens, défait les Lacédémoniens.

373. Platées détruite par les Thébains. Tremblement de terre dans le Péloponnèse. Les villes d'Hélice et de Bura détruites. Apparition d'une comète dans l'hiver de 373 à 372.

372. Bataille de Leuctres. Les Thébains commandés par Epa-

minóndas, défont les Lacédémoniens, commandés par
le roi Cléombrote, qui est tué.

Fondation de la ville de Mégalopolis en Arcadie.

371. Expédition d'Epaminondas en Laconie.

Fondation de la ville de Messène.

370. Mort de Jason, tyran de Phères.

369. Les Athéniens, commandés par Iphicrate, viennent au
secours des Lacédémoniens.

368. Mort de Denys-l'Ancien, de Syracuse.

Son fils, Denys-le-Jeune, lui succède.

367. Aristote, âgé de dix-huit ans, vient s'établir à Athènes.

364. Pélopidas attaque et défait Alexandre, tyran de Phères, et
périt lui-même dans le combat.

363. Bataille de Mantinée.

Mort d'Epaminondas.

Mort d'Agésilas, roi de Lacédémone.

361. Troisième voyage de Platon en Sicile; il y passe quinze
à seize mois.

360. Philippe monte sur le trône de Macédoine.

358. Guerre sociale. Les îles de Chio, de Rhodes, de Cos et la
ville de Byzance, se séparent des Athéniens.

357. Expédition de Dion en Sicile, il s'embarque à Zacynthe.
Eclipse de lune.

356. Naissance d'Alexandre, le jour de l'incendie du temple de
Diane à Éphèse. Philippe, son père, couronné vainqueur aux jeux olympiques vers le même temps.

355. Commencement de la troisième guerre sacrée.

Prise de Delphes et pillage de son temple par les Pho-
céens.

364. Iphicrate et Timothée accusés et privés du commandement.

363. Mort de Mausole, roi de Carie. Artémise, son épouse et
sa sœur, lui succède et règne deux ans.

352. Démosthène prononce sa première harangue contre Philippe, roi de Macédoine.

349. Les Olynthiens, assiégés par Philippe, implorent le secours des Athéniens.

348. Mort de Platon. Fin de la troisième guerre sacrée.

Années
avant J.-C.

347. Traité d'alliance et de paix entre Philippe et les Athéniens. Les députés de Philippe prennent séance dans l'assemblée des Amphictyons.

346. Philippe s'empare des villes de la Phocide, les détruit, et force les habitants à s'établir dans les villages.

343. Timoléon chasse de Syracuse Denys-le-Jeune, et l'envoie à Corinthe.

342. Naissance d'Epicure.

338. Bataille de Chéronée. Mort d'Isocrate, âgé de quatre-vingt dix-huit ans.

337. Timoléon meurt à Syracuse.

336. Mort de Philippe, roi de Macédoine.

335. Sac de Thèbes. Passage d'Alexandre en Asie ; combat du Granique.

333. Bataille d'Issus.

332. Prise de Tyr. Fondation d'Alexandrie.

331. Eclipse totale de lune. Bataille de Gaugamèle ou d'Arbèles.

327. Défaite de Porus par Alexandre.

323. Mort d'Alexandre à Babylone ; le même jour, Diogène-le-Cynique meurt à Corinthe, âgé de quatre-vingt-dix ans.

     Guerre Lamiaque ; Antipater est défait. Aristote, après avoir enseigné treize ans au lycée, s'enfuit à Chalcis, et y meurt.

322. Fin de la guerre Lamiaque. Les Athéniens reçoivent la loi du vainqueur. Démosthène, réfugié dans l'île de Calaurie, est forcé de se donner la mort.

309. Extinction de la famille d'Alexandre.

307. Tous les généraux d'Alexandre prennent le titre de roi.

301. Royaume de Macédoine à Cassandre.
     Révolutions en Macédoine.

IIIe SIÈCLE AVANT J.-C.

290. Lutte de Pyrrhus, roi d'Épire, et de Démétrius Poliorcète. Expéditions aventureuses de Démétrius.

285. Lysimaque s'empare de la Macédoine.

282. La Grèce a recouvré en partie sa liberté.
280. Séleucus assassiné en Macédoine par Ptolémée Céraunus.
279. Invasion des Gaulois en Macédoine.
277. Antigone Gonatas, roi de Macédoine.
274. Conquête de la Macédoine par Pyrrhus.
272. Pyrrhus est tué devant Argos.
264. Puissance d'Antigone en Grèce.
251. Aratus délivre Sicyone. Origine de la ligue Achéenne ;
Aratus y fait entrer la plupart des villes grecques.
247. Sparte refuse d'y accéder.
239. Réforme d'Agis à Sparte.
225. Guerre entre Sparte et la ligue Achéenne. Réforme de
Cléomène à Sparte.
224. Aratus appelle à son secours Antigone Doson, roi de Macédoine.
222. Aratus bat Cléomène.
Antigone s'empare de Sparte. Ligue Étolienne.
220. Avénement de Philippe IV au trône de Macédoine.
219. Guerre des deux ligues.
215. Philippe fait alliance avec Annibal ; il est battu par les
Romains.
210. Philopœmen, chef de la ligue Achéenne après Aratus.
Guerres de la ligue avec Machanidas et Nabis, tyrans de
Sparte.

IIe SIÈCLE AVANT J.-C.

200. Seconde guerre des Romains contre Philippe.
Bataille de Cynoscéphales.
197. Flaminius proclame la liberté des Grecs.
193. Sparte adhère à la ligue Achéenne.
192. Antiochus en Grèce.
183. Mort de Philopœmen, prisonnier des Messéniens.
181. Affaiblissement de la ligue Achéenne.
178. Persée, roi de Macédoine.
170. Guerre de Persée avec les Romains.
168. Persée vaincu à Pydna par Paul-Emile.

Années
avant J. C.

LIVRE IV.

HISTOIRE ROMAINE.

§ 1. ROME SOUS LA DOMINATION DES ROIS.

(Extrait de l'Art de vérifier les dates)

VIIIᵉ SIÈCLE AVANT J.-C.

Années
avant J.-C.

753. Fondation de Rome par Romulus.
749. Enlèvement des Sabines.
748. Dépouilles opimes enlevées sur Acron, roi des Céniniens.
   Triomphe de Romulus.
746. Guerre contre les Sabins.
744. Paix avec les Sabins.
739. Mort de Tatius.
715. Mort de Romulus. Interrègne.
714. Numa-Pompilius.

VIIᵉ SIÈCLE AVANT J.-C.

671. Mort de Numa.
   Tullus Hostilius.
666. Combat des Horaces et des Curiaces.
   Meurtre de Camille par Horace.
638. Mort de Tullus Hostilius.
   Ancus Martius.
627. Fondation d'Ostie.
614. Mort d'Ancus Martius.
   Tarquin l'Ancien.

VIᵉ SIÈCLE AVANT J.-C.

577. Tarquin est assassiné dans une émeute suscitée par les fils
   d'Ancus.
   Son gendre Servius Tullius lui succède.

Années
avant J.-C.

575. Etablissement du Cens et du Lustre.

533. Servius Tullius est assassiné par l'ordre de son gendre
Tarquin et de sa fille Tullie.

Tarquin-le-Superbe se fait déclarer roi.

508. Il est chassé du trône.

§ II. République Romaine.

Création des consuls, dont les deux premiers sont Brutus
et Tarquin-Collatin.

Conspiration en faveur de Tarquin.

Brutus fait mourir ses fils.

Il est tué dans une bataille livrée contre les Tarquins.

507. Guerre contre Porsenna, roi des Etrusques.

Actions héroïques d'Horatius Coclès et de Mutius Scévola.

506. Paix avec Porsenna.

Courage de Clélie, jeune Romaine.

503. Mort de Publicola.

Vᶜ SIÈCLE AVANT J.-C.

499. Troubles à Rome.

497. Titus Lartius, premier dictateur.

494. Bataille de Régille gagnée par le dictateur Posthumius.
Mort de Tarquin-le-Superbe.

493. Retraite des légions sur le Mont-Sacré.

492. Création des Tribuns du peuple.
Prise de Corioles.
Mort de Ménénius Agrippa.

491. Le consulat est refusé à Coriolan.

490. Il est accusé, condamné à l'exil, et se retire chez les
Volsques.

487. Il fait le siége de Rome.
Il cède aux prières de sa mère.
Il est tué peu de temps après.

485. Origine de la loi agraire, proposée par Cassius Viscellinus
qui aspire à la royauté.

484. Mort de Cassius.

Années
avant J.-C.

477. Défaite des trois cent six Fabius.
459. Entreprise d'Herdonius contre Rome.
450. Création des Décemvirs.
Code romain.
448. Meurtre de Virginie par son père.
447. Rétablissement des tribuns et des consuls.
444. Tribuns militaires.
442. Origine des Censeurs.
438. Conspiration de Spurius Mélius.
Quintius Cincinnatus, dictateur.
436. Secondes dépouilles opimes, enlevées par Cossus sur
Lars Tolumnius, roi des Étrusques.
422. Mamercus Emilius dégradé par les censeurs.
407. Les plébéiens sont admis à la charge de questeur.
404. Décret du sénat pour la paie de l'infanterie.
402. Siége de Véies.
401. Défaite de Sergius et de Virginius.

IVe SIÈCLE AVANT J.-C.

400. Tribun militaire plébéien.
395. Tribuns militaires tous plébéiens.
Défaite des Romains.
Prise de Véies.
393. Guerre contre les Falisques.
Trahison d'un maître d'école de Falère.
Générosité de Camille.
390. Camille est exilé.
389. Guerre avec les Gaulois.
Défaite des Romains sur l'Allia.
Prise de Rome par les Gaulois.
Camille revient de son exil avec le titre de dictateur; il
rompt le traité fait avec les Gaulois et les défait complétement.
388. Rome est rebâtie.
387. Ses voisins ravagent son territoire; ils sont défaits par
Camille.
383. Conspiration de Manlius Capitolinus.
382. Il est condamné à mort.

Années
avant J.-C.

376. Dissensions au sujet du consulat.

375. Licinius Stolon et Sextius sont nommés **tribuns**, et proposent de nouvelles lois.

366. Sextius, premier consul plébéien.

365. Origine de la Préture et de l'Édilité curule.
Mort de Camille.

358. Combat de Manlius Torquatus avec un Gaulois.

356. Marcius Rutilus, premier dictateur plébéien.

351. Marcius Rutilus, premier censeur plébéien.

342. Guerre contre les Samnites.
Les Capouans se donnent aux Romains.
Décius sauve l'armée romaine.

340. Paix avec les Samnites.

339. Guerre contre les Latins.
Manlius fait mourir son fils qui s'était battu malgré la défense du sénat.
Dévouement de Décius.

336. Publilius Philo, premier préteur plébéien.

326. Publilius Philo, premier proconsul; il est aussi le premier qui obtient les honneurs du triomphe dans un rang inférieur aux autres dignités curules.

321. Fourches caudines.

320. Le traité de Caudium est déclaré nul; les Romains prennent leur revanche.

311. Censure d'Appius.
Construction d'un aqueduc.
Route ou voie Appienne.

IIIe SIÈCLE AVANT J.-C.

295. Dévouement d'un second Décius.

292. Défaite des Romains par les Samnites.

291. On place à Rome, sur le temple de Quirinus, le premier cadran solaire.

290. Le Samnium est réduit en province romaine.

282. Origine de la guerre de Tarente.

281. Les Tarentins demandent du secours à Pyrrhus, roi d'Épire.

Années
avant J. C.

280. Pyrrhus passe en Italie et gagne sur les Romains la bataille du Siris ou d'Héraclée.

279. Bataille d'Asculum, dont le succès est incertain.

278. Le consul Fabricius découvre à Pyrrhus la trahison de son médecin.

277. Pyrrhus passe en Sicile.

275. Il revient en Italie et est vaincu à la bataille de Bénévent. Triomphe de Curius Dentatus.

274. Ambassade de Ptolémée-Philadelphe aux Romains.

264. Première guerre punique.
Appius passe le détroit de Sicile et bat Hiéron, roi de Syracuse.

262. Prise d'Agrigente par les Romains.

260. Les Romains mettent en mer une puissante flotte.
Mauvais succès du consul Cornélius Dolabella, vengé par Duilius, son collègue. Triomphe de Duilius.
Monnaies d'argent frappées à Rome.

256. Bataille navale d'Héraclée.

255. Les Romains passent en Afrique.
Xantippe, Lacédémonien, général des Carthaginois, bat Régulus et le fait prisonnier.

252. Le pontificat passe aux plébéiens.

250. Bataille de Panorme.
Mort de Régulus.
Siége de Lilybée.

248. Amilcar commande en Sicile.

242. Campagne du consul Lutatius.
Paix avec les Carthaginois, qui abandonnent la Sicile aux Romains.

238. Conquête de la Sardaigne et de la Corse.

235. Temple de Janus fermé.

231. Premier divorce dans Rome.

230. Guerre d'Illyrie.

225. Guerre contre les Gaulois.
Défaite des Romains près de Clusium.
Les Gaulois sont complétement vaincus à la bataille de Télamon.

222. Troisièmes et dernières dépouilles opimes enlevées par Marcellus sur Viridomar, roi des Gaulois.

220. Censure de Flaminius. Voie Flaminia.

218. Seconde guerre punique.
Annibal passe les Alpes et gagne la bataille de Tésin.
Combat de la Trébie.

217. Bataille du lac Trasimène.
Annibal, enfermé dans les plaines de Falerne par le consul Fabius, emploie la ruse pour en sortir.

216. Bataille de Cannes.
Défection de Capoue.
Annibal reçoit un échec à Noles.
Séjour d'Annibal à Capoue.

215. Traité d'alliance de Philippe, roi de Macédoine, avec Annibal.
Les Romains portent la guerre en Macédoine.
Mort de Hiéron, roi de Syracuse.

214. Siége de Syracuse par Marcellus.

212. Prise de Syracuse.
Mort d'Archimède.
Prise de Tarente par Annibal.

211. Reprise de Capoue.
Scipion proconsul en Espagne à l'âge de 24 ans.

209. Il se rend maître de Carthagène.
Tarente reprise par Fabius.

208. Cinquième consulat de Marcellus; il est tué dans une embuscade dressée par Annibal.

207. Asdrubal, frère d'Annibal, est tué à la bataille du Métaure.

205. Scipion est nommé consul.
Lœlius fait une descente en Afrique.

204. Scipion passe en Afrique.

203. Rappel d'Annibal.

202. Entrevue d'Annibal et de Scipion.
Bataille de Zama.
Traité qui met fin à la seconde guerre punique.

200. Guerre contre le roi de Macédoine.

Le jeune Ptolémée Epiphane, roi d'Egypte, se met sous
la protection des Romains.

IIᵉ SIÈCLE AVANT J.-C.

199. Flaminius est nommé consul, et reçoit le commandement
de l'armée de Macédoine.

197. Bataille des Cynoscéphales.
Paix avec Philippe.

196 Flaminius rend la liberté aux Grecs.

195. Triomphe de Flaminius.
Abrogation de la loi Oppia.

192. Annibal se réfugie chez Antiochus.
Antiochus passe en Europe.

191. Il est défait aux Thermopyles.
Il repasse en Asie.
Lucius Scipion porte la guerre dans ce pays.

190. Bataille de Magnésie entre les Romains et les Asiatiques.
Conclusion de la paix.

187. Scipion est cité au tribunal du peuple.
Son frère est accusé et condamné.

185. Mort du premier Scipion l'Africain, d'Annibal et de Philopœmen.

184. Caton, censeur.

177. Térence fait jouer ses comédies à Rome.

171. Guerre contre Persée, roi de Macédoine.

168. Paul-Emile gagne la bataille de Pydna.

167. Triomphe de Paul-Emile.

150. Troisième et dernière guerre punique.

149. Siége de Carthage.

147. Scipion-Emilien, consul, passe en Afrique.

146. Ruine de Carthage.
Guerre contre les Achéens.
Mummius se rend maître de Corinthe et la fait démolir.
Triomphe de Mummius.

141. Guerre contre les Espagnols, commandés par Viriathe.

140. Cœpion fait tuer Viriathe par ses officiers.
Continuation de la guerre.
Mauvais succès des Romains devant Numance.

Années
avant J.-C.

134. Scipion l'Africain, consul, investit Numance et refuse la
paix à ses habitants.

133. Guerre des esclaves en Sicile.
Conspiration des Gracques ; Tiberius Gracchus.
Il est tué par les sénateurs.

132. Scipion Nasica exilé.

131. Guerre d'Asie contre Aristonic, frère d'Attale, roi de
Pergame.
Défaite et mort du consul L. Crassus.
Perpenna, son successeur, défait Aristonic et le fait pri-
sonnier.

130. Fin de la guerre des esclaves.
Ennus, leur chef, est fait prisonnier et meurt peu de
temps après.

129. Aquilius termine la guerre d'Asie.
Mort d'Aristonic.

124. Conquêtes de la Dalmatie et des îles Baléares.
Conquêtes des Romains dans la Gaule transalpine.
Fondation d'Aix par Sextius.

122. Caïus Gracchus ôte au sénat l'administration de la justice
et la transporte à l'ordre des chevaliers.
Scipion l'Africain est étranglé dans son lit.

121. Meurtre de Caïus Gracchus.
Les lois des Gracques sont abrogées.

118. Jugurtha monte sur le trône de Numidie et fait poignarder
Hiempsal, le plus jeune des fils de Micipsa.

117. Adherbal, frère aîné d'Hiempsal, vaincu par Jugurtha, se
réfugie à Rome pour demander du secours.
Le sénat, gagné par Jugurtha, envoie des commissaires
qui font le partage de la Numidie, tout à l'avantage de
ce prince.

116. Fondation de Narbonne ; la Gaule narbonnaise devient
province romaine.

112. Adherbal, assiégé dans Cirtha et réduit à l'extrémité,
se rend à Jugurtha qui le fait mourir.
Les Romains lui déclarent la guerre.

111. Calpurnius, chargé de cette guerre, se laisse corrompre
par Jugurtha, et lui accorde la paix,

Jugurtha, forcé de revenir à Rome, y fait assassiner
    Massiva, qu'on voulait mettre à sa place; on le fait
    sortir de Rome et la guerre recommence.

110. Traité honteux d'Aulus, qui passe sous le joug.

107. Métellus bat Jugurtha et prend d'assaut la ville de Thala.

     Marius remplace Métellus, gagne plusieurs batailles sur
     Jugurtha et sur Bocchus, son allié et son beau-père.

106. Bocchus livre Jugurtha à Sylla ; cet événement met fin à
     la guerre de Numidie.

105. Deuxième consulat et triomphe de Marius.

103. Les Cimbres s'avancent vers l'Italie.

102. Marius remporte une grande victoire sur les Teutons, près
     de la ville d'Aix.

101. Cinquième consulat de Marius, qui remporte avec Catu-
     lus une nouvelle victoire sur les Cimbres, entre Vérone
     et Verceil.

     Marius reçoit le titre de second fondateur de Rome.

     Manius Aquilius termine la seconde guerre des esclaves,
     qui avait duré trois ans.

100. Sixième consulat de Marius.

     Exil de Métellus.

Ier SIÈCLE AVANT J.-C.

99. Retour de Métellus.

    Voyage de Marius en Asie.

91. Tribunat de Livius Drusus.

    Il est assassiné.

    Les peuples d'Italie prennent les armes pour obtenir le
    droit de citoyens romains.

90. Massacre du proconsul Servilius à Asculum.

    Commencement de la guerre sociale.

    Les alliés remportent la victoire sur les consuls.

89. Le consul Pompeius Strabo remporte une grande victoire
    sur les Marses, soumet les Pélignes, et ruine la ville
    d'Asculum.

    La mort de Pompeius Silo, général de la ligue, termine la
    guerre sociale.

Assassinat du préteur Asellio pendant un sacrifice.

88. Commencement de la guerre entre Sylla et Marius, au sujet de l'expédition contre Mithridate, roi de Pont.

Marius, vaincu par Sylla, sort de Rome, et, après plusieurs revers, il arrive enfin en Afrique.

87. Cinna est nommé consul.

Sylla part pour l'Asie.

Cinna est chassé de Rome et dégradé du consulat.

Il vient avec Marius faire le siége de Rome.

Ils y rentrent et commettent les plus grandes cruautés.

86. Mort de Marius, dix-sept jours après avoir obtenu son septième consulat.

Sylla, après s'être emparé de la ville d'Athènes, fait démolir le Pirée, et passe ensuite en Asie, où il bat les troupes de Mithridate.

84. Paix avec Mithridate.

Sylla retourne en Italie.

Mort de Cinna, tué par un centurion.

83. Sylla débarque à Brindes.

Métellus et le jeune Pompée viennent se joindre à lui.

Sylla gagne l'armée du consul Norbanus.

82. Bataille de Sacriport entre Sylla et le consul Marius le Jeune, qui est vaincu et se réfugie dans Préneste.

Sylla maître de Rome.

Mort du jeune Marius.

Sylla prend le surnom d'Heureux.

81. Il se fait donner la dictature perpétuelle.

79. Sylla abdique la dictature.

78. Il meurt d'une maladie cruelle à l'âge de soixante ans.

Sédition de Lépidus.

77. Bataille livrée au Ponte-Mole, près du Champ-de-Mars.

Lépidus se sauve en Toscane et y est vaincu une seconde fois.

Il meurt en Sardaigne.

Le reste des troupes de Lépidus, sous la conduite de Perpenna, passe en Espagne et se joint à Sertorius, partisan de Marius.

76. Bataille sur le Sucro.

Années
avant J. C.

Pompée est vaincu par Sertorius, qui gagne encore sur lui et sur le vieux Métellus la bataille de Segontia ou Siguença.

73. Perpenna fait tuer Sertorius.

72. Il est défait par Pompée et puni de mort.
Second triomphe de Pompée.
Guerre de Spartacus.

71. Crassus termine cette guerre par un combat où périt Spartacus.

69. Lucullus porte la guerre dans l'Arménie, où s'était réfugié Mithridate, et remporte une victoire sur Tigrane, roi de ce pays.
Guerre de Crète.

68. Révolte de l'armée contre Lucullus.
Les Romains sont vaincus par Mithridate.
Naissance de Virgile.
Dédicace du Capitole.

67. Guerre des pirates.
Métellus soumet l'île de Crète.
Lucullus rapporte d'Asie le cerisier.

66. Pompée est chargé de la guerre contre Mithridate, qui est vaincu et prend la fuite.

63. Mithridate fait mourir son fils Macharès.
Tigrane se rend à Pompée.
Mort de Mithridate.
Pompée passe en Judée et s'empare de Jérusalem.
Conjuration de Catilina.

62. Retour et triomphe de Pompée.

59. Troubles occasionnés par César, qui propose une loi agraire.
César, Pompée et Crassus forment le premier triumvirat.

58. Exil de Cicéron.
Caton est envoyé en Chypre, d'où il revient bientôt victorieux.
Conquête des Gaules par César, qui passe ensuite en Angleterre.

57. Rappel de Cicéron.

55. Crassus est tué en combattant contre les Parthes.

Commencement de la mésintelligence entre Pompée et
César.

52. Pompée est élu consul. Il quitte l'Italie.
César revient à Rome.

49. Conquête de l'Espagne par César.
Il est nommé dictateur.

48. Il passe en Epire.
Bataille de Pharsale.
Fuite et mort de Pompée.
Guerre de César en Egypte.

47. Il remporte la victoire.
La bibliothèque d'Alexandrie est brûlée.
Mort de Ptolémée.

46. Guerre en Afrique.
Mort de Caton.
Guerre d'Espagne contre Cneïus Pompée.

45. Bataille de Munda.
Le sénat défère les plus grands honneurs à César.
Correction du calendrier.

44. Conspiration contre César.
Il est tué au milieu du sénat.
Antoine et Lépide, consuls, font proclamer une amnistie
générale.
Octave est reconnu fils adoptif de César.
Première rupture entre Antoine et Octave.

43. Fondation de Lyon.

42. Antoine et Octave se réconcilient et forment, avec Lépide,
un second triumvirat.
Edit de proscription.
Mort de Cicéron.

41. Bataille de Philippes.
Mort de Cassius et de Brutus.
Retour d'Octave à Rome.

40. Nouvelle mésintelligence entre Octave et Antoine.
Ils font bientôt la paix.

39. Guerre entre Sextus Pompée et les triumvirs.
Traité de Misène.

38. Ventidius, lieutenant d'Antoine, termine la guerre contre
les Parthes.

Rupture entre Octave et Sextus Pompée.

Combat naval de Cumes; Octave y est défait.

36. Sextus Pompée, vaincu par Agrippa, lieutenant d'Octave ,
s'enfuit en Orient.

35. Antoine le fait mourir.

Lépide est déposé du triumvirat.

Mauvais succès d'Antoine dans une nouvelle guerre
contre les Parthes.

34. Il entreprend une autre expédition dans laquelle le roi
d'Arménie est vaincu et fait prisonnier.

32. Rupture définitive et guerre entre Octave et Antoine.

31. Bataille d'Actium.

30. Octave se rend en Egypte.

Antoine se donne la mort.

Triste fin de Cléopâtre.

29. Triomphe d'Octave.

Temple de Janus fermé.

Le gouvernement républicain est remplacé par le gouvernement monarchique.

§ III. EMPIRE ROMAIN.

Ier SIÈCLE.

4. Conjuration de Cinna.

10. Défaite de Varus par Arminius.

14. Tibère , qui avait été adopté et associé à l'empire par
Auguste, lui succède.

15. Révolte des légions romaines en Germanie et en Pan-
nonie.

19. Germanicus empoisonné. Agrippine rapporte à Rome les
cendres de son époux.

23. Séjan, favori de Tibère, espérant parvenir à l'empire,
fait empoisonner Drusus, fils de ce prince.

26. Tibère transporte sa résidence dans l'île de Caprées.

31. Tibère adopte Caligula, le seul fils encore vivant de Germanicus. Séjan condamné à mort.

Années
après J.-C.

37. Caligula succède à Tibère.

41. Claude proclamé empereur par les prétoriens.

43. Expédition de Claude en Bretagne.

48. L'impératrice Messaline et Sillius, qu'elle avait épousé, condamnés à mort.

54. Claude meurt empoisonné par Agrippine, sa femme. Néron est proclamé empereur à l'exclusion de Britannicus.

55. Britannicus, fils de Claude et de Messaline, empoisonné par Néron.

59. Néron fait mourir sa mère et sa femme.

64. Néron fait incendier Rome et en accuse les chrétiens, qui sont cruellement persécutés. Ce fut la première persécution dirigée contre les chrétiens.

65. Conjuration de Pison. Sénèque et Lucain condamnés à mort.

68. La garde prétorienne et toutes les légions se révoltent; Néron est forcé de se donner la mort. Galba lui succède.

69. Il est assassiné. Othon est proclamé empereur; vaincu par Vitellius, qui lui disputait l'empire, il se donne la mort. Vitellius meurt assassiné. Vespasien, qui lui succède, rétablit l'ordre dans l'empire.

70. Prise et destruction de Jérusalem par Titus.

79. Eruption du Vésuve; les villes d'Herculanum, de Pompéïa et de Stabies ensevelies sous les cendres. Mort de Vespasien; son fils Titus lui succède.

81. Domitien monte sur le trône et se signale par sa cruauté.

88. Guerre des Romains en Dacie.

89. Les Sicambres, l'un des peuples compris par la suite sous le nom de Francs, font leur première irruption dans les Gaules.

96. Nerva gouverne avec sagesse.

98. Trajan, qui avait été adopté par Nerva, lui succède.

IIᵉ SIÈCLE.

Années
après J.-C.

103. La Dacie réduite en province romaine après la défaite de
     Décébale par Trajan.

106. Expédition de Trajan contre les Parthes.

112. La colonne Trajane est érigée à Rome ; Apollodore de
     Damas en est l'architecte.

117. Adrien est reconnu par l'armée comme fils adoptif et
     successeur de l'empereur.

118. Adrien abandonne une grande partie des conquêtes de
     son prédécesseur.

120. Adrien visite les Gaules, la Germanie et la Bretagne.

121. La grande muraille de Carlisle à Newcastle (rempart
     d'Adrien) construite par les Romains.

123. Irruption des Parthes dans l'empire, arrêtée par Adrien.

125. Séjour d'Adrien à Athènes ; il voyage pendant sept ans
     en Egypte, en Syrie, dans l'Asie-Mineure et dans la
     Grèce.

129. Adrien va en Afrique et fait relever Carthage.

130. Jérusalem rebâtie sous le nom d'Aelia Capitolina.

131. Révolte des Juifs sous la conduite de Barcochébas, qui
     se fait passer pour le Messie.

132. Adrien fait bâtir en Egypte la ville d'Antinoé, pour ho-
     norer la mémoire d'Antinoüs, son favori.

134. Le géographe Ptolémée publie l'Almageste et imagine un
     nouveau système du monde.

135. Dispersion totale des Juifs.

138. Antonin-le-Pieux se montre, pendant toute la durée de
     son règne, dans ses principes comme dans ses actions,
     véritablement grand et noble.

145. Victoires d'Antonin sur les Germains et sur les Daces.

150. Antonin fait cesser les persécutions contre toutes les
     religions.

161. Marc-Aurèle et Lucius Vérus.

162. Guerre contre les Parthes.

166. Les deux empereurs triomphent et reçoivent le titre de
     pères de la patrie.

169. Mort de Lucius Vérus.

174. Les chrétiens obtiennent par leurs prières une pluie mi-

raculeuse pour soulager l'armée de Marc-Aurèle, qui souffrait beaucoup par la sécheresse.

175. Avidius Cassius, sur une fausse nouvelle de la mort de l'empereur, s'empare du gouvernement ; trois mois après il est assassiné.

180. Commode, fils de Marc-Aurèle, lui succède.

193. Commode empoisonné par Marcia et Lætus.
Pertinax. Didius Julianus, Niger et Septime-Sévère.

195. Septime-Sévère seul.
Niger est vaincu par Sévère à la bataille d'Issus ; ce dernier prend Byzance après trois ans de siége.

197. Albin, vaincu dans les Gaules, est tué à Lyon.

IIIe SIÈCLE.

201. Victoire de Sévère sur les Parthes. Prise de Ctésiphon.

208. Expédition en Bretagne.

210. Muraille bâtie pour défendre la Bretagne romaine contre les irruptions des Pictes de l'Ecosse (rempart de Septime-Sévère.)

211. Conspiration de Caracalla contre son père. Sévère meurt de chagrin. Ses fils Caracalla et Géta lui succèdent.

212. Caracalla tue son frère Géta entre les bras de sa mère.

215. Caracalla à Alexandrie ; il fait massacrer les habitants de cette ville.

217. Macrin est choisi pour empereur par l'armée d'Orient.

218. Héliogabale.

222. Alexandre Sévère.

232. Les Perses ravagent la Mésopotamie. Alexandre Sévère va en Orient pour les réprimer.

235. Victoire d'Alexandre Sévère sur les Germains. Il est tué par quelques soldats gagnés par Maximin, qui est proclamé empereur.
Les armées, désormais en possession du droit de disposer de l'empire, font des empereurs et des anti-empereurs, qui sont promptement assassinés l'un après l'autre. (Voir la chronologie, pages 4 et 6.)

253. Les Trente tyrans. Toutes les armées continuent à s'arro-

ger le droit de nommer empereurs les chefs qui leur
plaisent ; on en voit jusqu'à trente en moins de vingt
ans. Cette anarchie dure jusqu'au règne d'Aurélien.

263. Odénat, roi de Palmyre, se forme un empire en Orient,
déclare la guerre aux Perses et soumet la Mésopotamie.

267. Odénat assassiné. Zénobie, sa femme, s'empare du gouvernement et prend le titre de reine d'Orient et de
Palmyre.

270. Aurélien proclamé empereur.

273. Aurélien remporte une victoire sur Zénobie, et fait mourir Longin, philosophe et rhéteur. — Les habitants de
Palmyre s'étant révoltés, l'empereur marche contre eux,
les fait passer au fil de l'épée et détruit cette capitale.

275. Tacite, descendant de l'historien, est nommé empereur
par le sénat.

276. Probus remplace Tacite, assassiné par son armée.

282. Carus.

284. Ses fils Carin et Numérien lui succèdent ; mais le second est
assassiné peu de jours après et remplacé par Dioclétien.

238. L'assassinat de Carin laisse Dioclétien seul maître de
l'empire.
Maximien Hercule, nommé par lui César, repousse les
nations germaines qui avaient envahi la Gaule.

286. Dioclétien déclare Maximien Auguste et l'associe à l'empire.
Guerre contre la Perse.
La légion Thébaine, commandée par saint Maurice, est
massacrée par ordre de Maximien, parce qu'elle refu-
sait de sacrifier aux idoles.

292. Constance Chlore et Galère sont déclarés Césars, et les
provinces de l'empire, assailli de tous côtés par les Barbares, sont partagées entre les deux empereurs et les
deux Césars.

296. Dioclétien prend sur le rebelle Achilléus la ville d'Alexandrie, après un siége de huit mois.

IVᵉ SIÈCLE.

306. Dioclétien et Maximien renoncent à l'empire.

Constance Chlore et Galère sont reconnus empereurs. Sévère et Maximin sont déclarés Césars.

305. Constance Chlore meurt après avoir désigné pour son successeur son fils Constantin, qui ne prit le titre d'Auguste que l'année suivante.

L'empire est déchiré pendant plusieurs années par l'ambition des princes qui se disputent le trône impérial. (Voir la chronologie, p. 6.)

312. Constantin se déclare publiquement pour le christianisme. Il fait une expédition contre Maxence et remporte près de Rome une victoire où son rival périt.

314. Commencement de la guerre entre Constantin et Licinius ; il en résulte un nouveau partage de l'empire.

324. Constantin, vainqueur de Licinius, le fait mettre à mort, et reste ainsi le seul maître de l'empire.

327. Hélène, mère de Constantin, meurt âgée de quatre-vingts ans.

328. Byzance est rebâtie sur le modèle de Rome ; deux ans après elle est consacrée, sous le nom de *Constantinople*, comme capitale de l'empire ; il y eut dès lors deux capitales et, bientôt après, deux empires.

337. Constantin meurt dans une expédition contre les Perses, peu de temps après avoir reçu le baptême.

Ses fils, Constantin II, le Jeune, Constance et Constant, se partagent l'empire.

340. Constantin II trouve sa part trop petite ; il attaque son frère Constant, et périt à la bataille d'Aquilée.

350. Constant est tué dans une révolte suscitée par Magnence.

355. Julien est nommé César par Constance, que le poids de l'empire accablait.

361. Constance marche contre Julien qui avait été proclamé empereur par les troupes ; il meurt en route. Julien est reconnu chef des deux empires ; il abjure la religion chrétienne.

363. Julien meurt dans une expédition contre les Perses. Jovien est élu empereur.

364. Valentinien, proclamé empereur par l'armée, associe son frère Valens à l'empire, lui abandonne le gouvernement

de l'Orient et se retire en Occident. Ces deux empereurs luttèrent pendant tout leur règne contre les Barbares, qui commençaient à inonder l'empire.

375. Mort de Valentinien. Ses fils, Gratien et Valentinien II,
lui succèdent.

379. Gratien déclare empereur Théodose, et lui accorde l'Orient.

383. Gratien meurt assassiné dans les Gaules.
Valentinien règne seul en Occident.

390. Massacre des habitants de Thessalonique.

392. Arbogaste assassine Valentinien II, et élève Eugène à
l'empire.

394. Théodose marche contre eux. Eugène est battu près d'A-
quilée et assassiné par ses propres partisans ; Arbogaste se donne la mort.

395. Théodose partage l'empire entre ses deux fils ; il donne
l'Occident à Honorius et l'Orient à Arcadius. Il meurt
peu de temps après.

Vᵉ SIÈCLE.

402. Alaric, roi des Visigoths, entre en Italie ; il est battu par
Stilicon. Ravenne devient le siége de l'empire d'Occident.

409. Alaric prend Rome d'assaut.

424. Valentinien III, sous la régence de sa mère Placidie.

437. Valentinien III épouse Eudoxie, fille de Théodose, empereur d'Orient ; les deux souverains réunissent leurs efforts contre les Vandales.

452. Attila, roi des Huns, ravage l'Italie ; mais il cède aux
instances du pape saint Léon et se retire.
La faiblesse et l'incapacité des princes qui succèdent à
Valentinien III ne peuvent défendre l'empire contre
les Barbares.

475. Romulus Augustule, dernier empereur d'Occident.

476. Odoacre, roi des Hérules, vient en Italie, se rend maître
de Rome, oblige Augustule d'abdiquer l'empire, et met
ainsi fin à l'*empire d'Occident*.

LIVRE V.

HISTOIRE DE L'ÉGLISE.

Iᵉʳ SIÈCLE.

Années
après J.-C.

33. Jésus-Christ meurt sur la croix.
L'Eglise fondée à Jérusalem.
Saint Pierre, premier pape.

36. Saint Pierre commence à prêcher l'Evangile.
Il fonde l'Eglise patriarcale d'Antioche. Les disciples de Jésus-Christ y prennent le nom de chrétiens.

42. Saint Pierre se rend à Rome et y fonde, avec saint Paul, l'Eglise de Rome.

50. Saint Pierre se rend à Jérusalem pour y présider le premier concile. — Fondation du siége patriarcal d'Alexandrie par saint Marc, disciple de saint Pierre.

63. Les chrétiens établissent les banquets de charité, nommés agapes ; les riches y payaient pour les pauvres, et tous, comme frères, étaient assis à la même table.

64. Première persécution contre les chrétiens sous Néron.
Martyre de saint Pierre et de saint Paul.

66. Saint Lin succède à saint Pierre.

78. Saint Anaclet.

91. Saint Clément. C'est à ce pape que l'on croit devoir attribuer la mission dans les Gaules des prélats qui y fondèrent les premiers évêchés.

93. Deuxième persécution contre les chrétiens.

95. Jean Zébédée, le plus jeune des apôtres, relégué dans l'île de Pathmos, écrit son livre des visions , nommé Apocalypse : c'est le dernier des inspirés.

100. Saint Evariste.

IIᵉ SIÈCLE.

105. Troisième persécution contre les chrétiens.

Années
après J.-C.

109. Saint Alexandre.
    Pline le Jeune écrit en faveur des chrétiens.
119. Saint Sixte I.
127. Saint Télesphore. On lui attribue l'hymne *Gloria in excelsis*, qui se chante à la messe.
139. Saint Hygin. Apologie de Justin, philosophe platonicien, en faveur des chrétiens.
141. Un grand nombre d'hérésies surgissent parmi les chrétiens.
142. Saint Pie I.
150. Antonin fait cesser les persécutions contre toutes les religions.
157. Saint Anicet. Saint Justin, un des plus célèbres docteurs de l'Eglise, vivait sous son pontificat.
162. Quatrième persécution contre les chrétiens.
168. Saint Soter.
177. Saint Eleuthère.
193. Saint Victor I.

IIIe SIÈCLE.

202. Saint Zéphyrin.
203. Cinquième persécution contre les chrétiens.
210. Fondation du siége épiscopal de Byzance, devenu, par la suite, le patriarcat de Constantinople.
219. Saint Calixte. On croit que les premiers temples chrétiens furent construits sous son pontificat. On lui attribue l'institution du jeûne des Quatre-Temps.
223. Saint Urbain.
230. Saint Pontien.
235. Saint Antère.
    Sixième persécution contre les chrétiens.
236. Saint Fabien.
250. Septième persécution contre les chrétiens.
251. Saint Corneille.
252. Saint Luce.
253. Saint Etienne.
255. Concile de Carthage, où l'on décide qu'il faut donner aux

enfants le baptême qu'on différait auparavant jusqu'à l'âge de raison. On voit, par les actes de ce concile, que les prières et le sacrifice de la messe offerts pour les morts étaient déjà des pratiques anciennes.

257. Saint Sixte II. Huitième persécution contre les chrétiens.

259. Saint Denys.

269. Saint Félix.

273. Neuvième persécution contre les chrétiens.

275. Saint Eutychien.

377. Commencement de l'hérésie de *Manès* ou des Manichéens, la plus fameuse de toutes celles qui s'élevèrent dans les trois premiers siècles.

283. Saint Caïus (Dalmate) (1).

296. Saint Marcellin.

IVe SIÈCLE.

303. Dixième persécution contre les chrétiens, l'une des plus cruelles que l'Eglise ait eu à supporter ; elle dura dix ans.

304. Martyre de saint Marcellin. Le siége de Rome reste vacant.

308. Saint Marcel.

310. Saint Eusèbe.

311. Saint Miltiade ou Melchiade.

312. L'empereur Constantin-le-Grand embrasse le christianisme.

313. Constantin donne le célèbre édit de Milan, qui permettait dans tout l'empire romain le libre exercice de la religion chrétienne.

314. Saint Sylvestre. Concile d'Arles, qui condamne les Donatistes, schismatiques d'Afrique.

325. *Concile de Nicée*, en Bithynie, le premier concile général ou œcuménique ; il condamne l'hérésie d'Arius.

336. Saint Marc.

337. Saint Jules.

352. Saint Libère.

(1) Nous avons cru devoir indiquer à quelle nation appartiennent les papes qui ne sont pas italiens de naissance.

Années
après J. C.

355. Saint Libère exilé par l'empereur Constance. Félix, mis à sa place pendant son exil, n'est point au nombre des papes reconnus par l'Eglise.

358. Saint Libère replacé.

366. Saint Damase. Deuxième concile œcuménique à Constantinople ; on y rédigea le symbole qui se chante à la messe.

384. Saint Sirice.

398. Saint Anastase.

Vᵉ SIÈCLE.

402. Saint Innocent.

417. Saint Zozime (Grec).

418. Saint Boniface.

422. Saint Célestin.

431. Concile d'Ephèse, troisième œcuménique ; il condamne l'hérésie des Pélagiens et celle des Nestoriens.

432. Saint Sixte III.

440. Saint Léon, le Grand.

451. Concile de Chalcédoine, quatrième œcuménique, où fut condamnée l'hérésie d'Eutychès.

461. Saint Hilaire.

468. Saint Simplice.

483. Saint Félix II.

492. Saint Gélase.

496. Saint Anastase. Conversion de Clovis, le premier des rois barbares qui ait embrassé la foi catholique.

498. Symmaque.

VIᵉ SIÈCLE.

514. Hormisdas.

523. Saint Jean I.

526. Félix III.

530. Boniface II.

533. Jean II.

535. Agapet.

536. Silvère.

538. Vigile.

553. Concile de Constantinople, cinquième œcuménique.

555. Pélage I.

560. Jean III.

574. Benoit.

578. Pélage II.

590. Saint Grégoire, le Grand. C'est le premier pape qui ait pris la qualification de *serviteur des serviteurs de Dieu.*

596. Le christianisme établi en Angleterre.

VIIᵉ SIÈCLE.

604. Sabinien.

607. Boniface III.

608. Boniface IV.

614. Saint Deusdedit.

618. Boniface V.

625. Honoré I.

640. Séverin.
     Jean IV (Dalmate).

642. Théodore (de Jérusalem).

646. Un concile d'Afrique défère à Théodore le titre de *souverain pontife.*

649. Martin I.

654. Martin est emmené captif à Constantinople. Saint Eugène gouverne l'Eglise de Rome.

655. Saint Eugène.

657. Vitalien.

660. Concile de Nantes, où le pain bénit est institué.

672. Adéodat.

676. Donus I.

678. Agathon.

681. Concile de Constantinople, sixième œcuménique; il condamne le monothélisme.

682. Saint Léon II.

684. Benoit II.

685. Jean V (Syrien).

686. Conon (Thrace).

687. Sergius (d'Antioche).

VIIIe SIÈCLE.

701. Jean VI (Grec).
705. Jean VII (Grec).
708. Sisinnius (Syrien) ne fut pape que vingt jours.
     Constantin (Syrien).
715. Grégoire II. Sous son pontificat, l'apôtre saint Boniface
     répandit la religion chrétienne en Allemagne.
726. République de Rome sous l'autorité de Grégoire II, établie
     à l'occasion de l'édit de Léon III, l'Iconoclaste, qui
     supprimait le culte des images.
731. Grégoire III (Syrien).
741. Zacharie.
752. Etienne II.
755. Pépin, roi de France, fonde la puissance temporelle des
     papes par le don qu'il fait à l'Église de l'exarchat de
     Ravenne et de la Pentapole.
757. Paul I.
768. Etienne III.
772. Adrien I.
780. Etablissement des siéges épiscopaux en Saxe.
787. Second concile général de Nicée, septième œcuménique ;
     il condamne l'hérésie des Iconoclastes.
795. Léon III.

IXe SIÈCLE.

816. Etienne IV.
817. Pascal I.
824. Eugène IV.
827. Valentin.
     Grégoire IV.
835. Institution de la fête de la Toussaint.
844. Sergius II.
847. Saint Léon IV.
853. Prétendue papesse Jeanne.

8

855. Benoit III. Il est le premier qui ait pris le titre de vicaire
de saint Pierre, que les papes ont changé depuis pour
celui de vicaire de Jésus-Christ.

857. L'Eglise de Constantinople est déchirée par les troubles
occasionnés par la déposition du patriarche saint
Ignace, remplacé par le savant Photius.

858. Nicolas I.

867. Adrien II.

869. Concile de Constantinople, huitième œcuménique, qui
mit fin aux troubles de l'Eglise de Constantinople, en
déposant Photius et rétablissant Ignace.

872. Jean VIII.

877. Photius est rétabli après la mort d'Ignace.

882. Martin II.

884. Adrien III.

885. Etienne V.

891. Formose.

896. Boniface VI, qui mourut quinze jours après son élection.
Etienne VI.

897. Romain.

898. Théodore II, dont le pontificat dura vingt jours.
Jean IX.

900. Benoit IV.

Xᵉ SIÈCLE.

903. Léon V.

Christophe chasse Léon V du siége pontifical.

905. Sergius III détrône Christophe et le relègue dans un
monastère.

911. Anastase III.

913. Landon.

914. Jean X.

928. Léon VI.

929. Etienne VII.

931. Jean XI.

936. Léon VII.

939. Etienne VIII.

Années
après J.-C.

942. Martin III.

946. Agapet II.

956. Jean XII (âgé de dix-huit ans). Ce pape, qui déshonorait
     par sa conduite le siége pontifical, est déposé par un
     concile tenu à Rome.
     Léon VIII le remplace.

964. Jean XII revient à Rome et meurt peu de temps après.
     Benoit V est élu par les Romains; mais Léon VIII, qui
     s'était réfugié dans le camp de l'empereur Otton I, est
     rétabli par lui sur son siége.

965. Jean XIII.

972. Benoit VI.

974. Donus II.

975. Benoit VII.

983. Jean XIV.

985. Jean XV.

986. Jean XVI.

988. L'Eglise russe est fondée par Vladimir-le-Grand, duc de
     Kief, qui embrasse le christianisme (rite grec).

996. Grégoire V (Germain).

997. Il est chassé de Rome.

999. Silvestre II, le premier Français qui ait occupé le siége
     pontifical.

XIe SIÈCLE.

1003. Jean XVII.
      Jean XVIII.

1009. Sergius IV.

1012. Benoit VIII.

1024. Jean XIX.

1033. Benoit IX.

1041. Etablissement en France de la Trève de Dieu.

1044. Grégoire VI.

1046. Clément XI (Saxon).

1048. Damase II.
      Léon IX (Germain), élu à Worms.

1049. Il est reconnu à Rome.

1053. Léon est fait prisonnier par les Normands, qu'il était allé combattre en personne.

1054. Le pape Léon IX et Cerularius, patriarche de Constantinople, s'excommunient mutuellement, et le schisme de l'Eglise grecque, dont l'origine remonte à Photius, devient définitif.

1055. Victor II (Souabe).

1057. Etienne IX (Alsacien).

1058. Une faction place sur le Saint-Siége l'anti-pape Benoit X.

1059. Concile de Rome qui ôte au peuple le droit d'élire les papes, et le transporte au collége des cardinaux.

Le royaume de Naples devient un fief du Saint-Siége.

1061. Alexandre II.

1073. Grégoire VII (Hildebrand), dernier pape dont le décret d'élection ait été confirmé par l'empereur. Ce pape éleva le pouvoir pontifical au-dessus de tout pouvoir temporel.

1074. Commencement de la lutte entre le sacerdoce et l'empire. Grégoire VII enlève aux souverains l'investiture des bénéfices ecclésiastiques.

1086. Victor III.

1088. Urbain II (Français).

1095. Concile de Clermont, où le pape publie la première croisade.

1099. Pascal II.

XIIe SIÈCLE.

1118. Gélase II.

1119. Calixte II (Bourguignon).

1122. Concordat de Worms; l'empereur Henri V y renonce au droit d'investiture.

Triomphe de la puissance pontificale.

1124. Honorius II.

1130. Innocent II et l'anti-pape Anaclet. La faction qui avait élu ce dernier, étant la plus puissante à Rome, force Innocent II à se réfugier en France, où il passe les premières années de son pontificat.

1131. Concile de Reims, auquel assistent le pape et un grand
nombre de prélats et d'abbés, dont le plus illustre était
saint Bernard.

1139. Deuxième concile général de Latran, dixième œcuménique, où l'on recommande, comme dans le précédent,
l'observation de la Trève de Dieu.

1140. Concile de Sens. Le savant Abélard y est convaincu, par
saint Bernard, d'avoir professé des erreurs qu'il con-
sentit par la suite à rétracter.

1143. Célestin II.

1144. Lucius II.

1145. Eugène III.
Les troubles commencés sous le règne d'Innocent II obli-
gent ce pape à passer en France une grande partie de
son pontificat.

1153. Anastase IV.

1154. Adrien IV (Anglais).

1159. Alexandre III, renversé du trône par l'anti-pape Victor IV, se réfugie en France. Il y tint plusieurs conciles,
où furent de nouveau anathématisées les erreurs des
Manichéens, reproduites en France par les Albigeois,
les Bonhommes, etc. Pendant son pontificat, Alexandre
canonisa saint Thomas de Cantorbéry et saint Bernard
de Clairvaux.

1179. Troisième concile général de Latran, onzième œcuménique,
qui confirme aux cardinaux le droit exclusif d'élire le
pape.

1181. Lucius III.

1185. Urbain III.

1187. Grégoire VIII.
Clément III.
Les Romains se soumettent à l'autorité temporelle du
pape.

1191. Célestin III.

1198. Innocent III, celui de tous les papes qui, à l'exemple de
Grégoire VII, a travaillé avec le plus d'ardeur à élever
l'autorité spirituelle au-dessus de la puissance temporelle. Ce fut lui qui établit l'Inquisition.

XIIIᵉ SIÈCLE.

1215. Quatrième concile de Latran, douzième œcuménique. Les Albigeois y sont excommuniés ; on y ordonne à tous les fidèles de se confesser au moins une fois l'an et de recevoir au moins à Pâques le sacrement de l'Eucharistie.

1216. Honorius III.

1227. Grégoire IX.

1229. Onzième concile de Toulouse, auquel on rapporte l'établissement définitif et permanent du tribunal de l'inquisition, institué pour rechercher et juger les hérétiques.

1241. Célestin IV ; il mourut peu de jours après son élection, sans avoir été sacré. Le Saint-Siége resta vacant plus d'un an et demi.

1243. Innocent IV.

1245. Premier concile général de Lyon, treizième œcuménique, dans lequel le pape dépose l'empereur Frédéric, sans avoir pris l'avis du concile.

1254. Alexandre II.

1261. Urbain IV (Français).

1264. Bulle qui institue la fête du Saint-Sacrement, dont saint Thomas d'Aquin compose l'office.

1265. Clément IV (Français).

1268. Mort de Clément IV. Le Saint-Siége reste vacant près de trois ans.

1271. Grégoire X.

1273. Philippe III, roi de France, cède au pape le comtat Venaissin.

1274. Deuxième concile général de Lyon, quatorzième œcuménique, où est décrétée la réunion de l'Eglise grecque, et dans lequel il fut ordonné qu'après la mort du pape les cardinaux seraient enfermés dans un conclave, d'où ils ne sortiraient qu'après avoir élu un successeur.

1276. Innocent V. Il meurt quatre mois après son élection. Adrien V, qui mourut au bout de cinq semaines, sans avoir été consacré ni même ordonné prêtre, Jean XXI (Portugais),

Années
après J.-C.

1277. Nicolas III.
1281. Martin IV.
1285. Honorius IV.
1288. Nicolas IV.
1294. Célestin V. Il est forcé d'abdiquer.

Boniface VIII le remplace. Ce pape est célèbre par ses différends avec le roi de France, Philippe-le-Bel, qui eurent en partie pour cause l'extension que Boniface voulait donner à la puissance pontificale.

1300. Boniface VIII institue le Jubilé, qui devait se célébrer tous les cent ans; ses successeurs le réduisirent successivement à cinquante, à trente et à vingt-cinq ans.

XIVe SIÈCLE.

1303. Benoit XI.
1305. Clément V (Français).
1309. Clément V transporte le Saint-Siége à Avignon.
1312. Concile général de Vienne en Dauphiné, quinzième œcuménique, dans lequel on institue la procession solennelle du Saint-Sacrement.

L'ordre des Templiers y est aboli.

1316. Jean XXII (Français).
1334. Benoit XII (Français).
1338. Pragmatique-sanction de Francfort, qui assure l'indépendance des empereurs et contribue à la décadence de la puissance pontificale.
1342. Clément VI (Français).
1347. Quarante-et-unième concile de Paris, où est instituée l'indulgence à ceux qui récitent l'*Angelus* du soir.
1852. Innocent VI (Français).
1362. Urbain V (Français). On croit que ce fut ce pape qui, le premier, porta la triple couronne.
1370. Grégoire XI (Français).
1376. Il reporte le Saint-Siége à Rome.
1878. Grand schisme d'Occident.

Urbain VI à Rome.

Clément VII (de Genève) à Avignon.

1389. Urbain VI établit la fête de la Visitation de la Sainte-
Vierge.

Boniface IX à Rome.

1394. Benoit XIII (Espagnol) à Avignon.

XVe SIÈCLE.

1404. Innocent VII à Rome.

1406. Grégoire XII à Rome.

1409. Concile général de Pise, où est élu Alexandre V (de Candie) ; Grégoire XII et Benoit XIII y sont déposés.

1410. Jean XXIII est élu à la mort d'Alexandre V.

1414. Concile général de Constance, seizième œcuménique, qui
dura jusqu'en 1418 ; les erreurs de Wiclef et de Jean
Hus y sont condamnées.

1416. Grégoire XII, qui avait continué d'exercer le pouvoir,
abdique.

Jean XXIII est déposé par le concile.

1417. Benoit XIII est de nouveau déposé par le concile ; ce pape
continue d'exercer le pouvoir et meurt peu de temps
après.

Martin V élu par le concile de Constance.

Jean XXIII et Benoit XIII meurent pendant son pontificat.

1431. Eugène IV, seul pape.

Concile de Bâle où s'élevèrent, entre le pape Eugène et
les pères du concile, des contestations par suite des-
quelles la cour de Rome a refusé de reconnaître ce
concile comme dix-septième concile général.

1438. Assemblée de Bourges où fut rédigé, de concert avec les
pères du concile de Bâle, le règlement célèbre connu
sous le nom de *Pragmatique-sanction*.

1439. Le concile de Bâle dépose Eugène IV et lui substitue
Amédée VIII, duc de Savoie, qui prend le nom de
Félix V. Il est excommunié par Eugène IV.

Concile général de Florence, dix-septième œcuménique.

Réunion de l'Église grecque et de l'Église romaine.

1440. Les Grecs se séparent de nouveau de l'Église romaine, à laquelle, néanmoins, une partie d'entre eux reste unie.

1447. Nicolas V.

1449. Abdication de Félix V. La paix est rendue à l'Eglise.
Fin du grand schisme d'Occident.

1455. Calixte III (Espagnol).

1458. Pie II.

1464. Paul II.

1471. Sixte IV.

1484. Innocent VIII.

1492. Alexandre VI (Rodrigue Borgia, Espagnol).
Ce pontife, décrié par sa conduite scandaleuse, se fit
remarquer par l'habileté de sa politique.

XVIᵉ SIÈCLE.

1503. Pie III.
Jules II.

1512. Commencement du concile de Latran, regardé par plusieurs théologiens comme concile général.

1513. Léon X (Jean de Médicis, Florentin).
Son pontificat est l'époque de la renaissance des lettres
et des arts ; les encouragements qu'il leur accorda lui
ont valu l'honneur de donner son nom au siècle dans
lequel il régna.

1516. Abolition par le concile de Latran de la Pragmatique-
sanction, remplacée par le *Concordat* conclu entre
Léon X et François I.

1517. Luther commence à prêcher sa prétendue Réforme.

1520. Anabaptistes.

1522. Adrien VI.

1523. Clément VII.

1530. Les Luthériens présentent à l'empereur la profession de
foi dite *Confession d'Augsbourg*.

1535. Calvin publie son ouvrage de l'*Institution Chrétienne*.
qui augmente considérablement, surtout en France, le
nombre des sectateurs des doctrines nouvelles.
Paul III.

1538. Schisme de l'Église anglicane.

Années
après J.-C.

1540. Bulle qui approuve l'établissement de *la Compagnie de Jésus*, par saint Ignace de Loyola.

1545. Ouverture du concile de Trente, dix-huitième et dernier concile œcuménique.

1550. Jules III.

1555. Marcel II.
Paul IV.

1559. Pie IV.

1563. Fin du concile de Trente.
Etablissement des séminaires.

1566. Pie V.

1572. Grégoire XIII.

1580. Missions en Chine.

1582. Réforme du calendrier.

1585. Sixte V.

1590. Urbain VII.
Grégoire XIV.

1591. Innocent IX.

1592. Clément VIII.

XVIIe SIÈCLE.

1605. Léon XI.
Paul V.

1613. Grégoire XV.

1623. Urbain VIII.

1643. Institution des Sœurs de la Charité par saint Vincent de Paul.

1644. Innocent X.

1655. Alexandre VII.

1667. Clément IX.

1670. Clément X.

1676. Innocent XI.

1682. Assemblée du clergé de France, où sont rédigées par Bossuet les quatre propositions regardées comme l'un des principaux fondements des libertés de l'Eglise gallicane.

1687. Condamnation des erreurs des *Quiétistes*.

1689. Alexandre VIII.

1691. Innocent XII.

1699. Condamnation par le pape du livre de Fénélon, ayant
pour titre : *Explication des maximes des Saints.*

1700. Clément XI.

XVIII. SIÈCLE.

1713. Bulle *Unigenitus* qui condamne le *Jansénisme.*

1715. Bulle qui condamne les pratiques idolâtriques autorisées
en Chine par certains missionnaires.

1721. Innocent XIII.

1724. Benoit XIII.

1730. Clément XII.

1740. Benoit XIV.

1758. Clément XIII.

1769. Clément XIV.

1773. Il supprime la Compagnie de Jésus.

1775. Pie VI.

1790. Constitution civile du clergé en France.

1791. Avignon et le comtat Venaissin sont enlevés au pape par
un décret de l'Assemblée constituante.

1793. Le culte catholique aboli en France par la Convention.

1798. Pie VI emmené captif en France.

1800. Pie VII.

XIXe SIÈCLE.

1802. Concordat conclu entre le pape et le gouvernement français.

1809. Réunion des Etats de l'Eglise à la France.
Captivité de Pie VII.

1814. Le pape Pie VII recouvre sa liberté et ses états.
Rétablissement de la Compagnie de Jésus.

1823. Léon XII.

1829. Pie VIII.

1831. Grégoire XVI.

LIVRE VI.

HISTOIRE DU MOYEN-AGE.

(Extrait de l'Atlas historique des États européens de KRUSE, *traduit et complété par MM.* ANSART *et* LE BAS.*)*

IVᵉ SIÈCLE APRÈS J.-C.

Années
après J.-C.

376. Commencement de la grande invasion des Barbares. Les Huns se répandent dans les pays situés entre la mer Baltique et la mer Noire. Les Visigoths s'établissent dans quelques provinces de l'Empire romain.

395. Mort de Théodose-le-Grand. Partage de l'Empire romain entre ses deux fils: Arcadius, empereur d'*Orient;* Honorius, empereur d'*Occident.*

Alaric, roi des Visigoths, envahit et traverse quelques-unes des provinces de l'empire d'Orient.

Vᵉ SIÈCLE.

401. Alaric passe en Italie.

406. Il y est suivi par les Suèves et par d'autres nations germaines, sous la conduite de Radagaise.

Invasion de la Gaule par les Suèves, les Alains, les Vandales et les Bourguignons.

409. Les Suèves, les Alains et les Vandales en Espagne.

410. Rome prise par Alaric.

412. Mort d'Alaric. Ataulf, son successeur, conduit les Visigoths dans la Gaule méridionale et de là en Espagne.

413. Fondation du royaume des Bourguignons par Gondicaire.

418. Fondation supposée du royaume des Francs par un chef que les uns nomment Pharamond et d'autres Théodemer.

419. Fondation du royaume des Suèves en Espagne par Hermanric.

429. Genséric conduit les Vandales de l'Espagne en Afrique.

439. Il y fonde le royaume de Carthage.

Années
après J.-C.

448. Invasion des Saxons dans la Grande-Bretagne.

450. Fondation du royaume de Kent par Hengist.

451. Attila, dit *le Fléau de Dieu*, roi des Huns, envahit la
Gaule. Il est défait à la bataille de Châlons-sur-Marne.

452. Il passe en Italie. Fondation de Venise.

453. Mort d'Attila. Dispersion des Huns.

476. L'Empire romain d'Occident renversé par Odoacre, roi
des Hérules, qui choisit pour sa capitale Ravenne, séjour des derniers empereurs.

481. Avénement de Clovis, le véritable fondateur de la monarchie française.

486. La victoire de Soissons rend Clovis maître de la Gaule
romaine.

491. Fondation du royaume de Sussex par Ælla.

493. Théodoric-le-Grand fonde en Italie le royaume des Ostrogoths.

496. Bataille de Tolbiac.
Conversion des Francs au christianisme.

VIe SIÈCLE.

507. Bataille de Vouillé, gagnée par Clovis sur les Visigoths
qui sont presque complétement refoulés en Espagne.
L'Aquitaine réunie au royaume des Francs.

511. Mort de Clovis. Partage de ses Etats entre ses quatre
fils.

519. Royaume de Wessex fondé par Cerdik.

526. Royaume d'Essex fondé par Erkenwin.

527. Justinien I monte sur le trône de l'empire d'Orient.

528. Code Justinien.
Première guerre de Justinien contre les Perses.

529. Chute de la philosophie néoplatonicienne.

533. Justinien porte la guerre en Afrique contre Gélimer, roi
des Vandales.
Les Institutes et les Pandectes rédigées par ordre de
Justinien.

534. Bélisaire met fin au royaume des Vandales par la prise
de Carthage.

534. Publication des Novelles ou Authentiques de Justinien.
 Guerre de Justinien contre les Goths d'Italie.
 La Bourgogne réunie à la France.

540. Seconde guerre de Justinien contre les Perses.

543. Peste affreuse en Europe.

547. Les Angles, sous la conduite d'Idda, fondent dans la Grande-Bretagne le royaume de Northumberland.

550. Les Tchèques ou Bohèmes fondent la république de Prague.

554. Narsès met fin au royaume des Goths en Italie et rattache cette province à l'empire d'Orient.

558. Les Avares s'établissent dans la Dacie.
 Réunion de la monarchie franque sous Clotaire I.

561. Deuxième partage de l'empire des Francs entre les quatre fils de Clotaire I.

565. Mort de Justinien.

567. Rivalité de Frédégonde et de Brunehaut.

568. Alboin fonde en Italie le royaume des Lombards.
 L'exarchat de Ravenne reste à l'empire d'Orient.

570. Naissance de Mahomet à la Mekke.

571. Uffa fonde en Angleterre le royaume d'Est-Anglie.

584. Crida y crée le royaume de Mercie, qui complète l'heptarchie anglo-saxonne.

585. Fin du royaume des Suèves en Espagne. Les Visigoths étendent leur domination dans ce pays.

587. Traité d'Andelot, qui consacre l'hérédité des bénéfices en Austrasie.

VIIe SIÈCLE.

610. Héraclius, tige des empereurs Héraclides, monte sur le trône d'Orient.
 Première période de ses revers.

613. Deuxième réunion de la monarchie des Francs sous Clotaire II.

614. Constitution perpétuelle de Paris, qui assure l'hérédité des bénéfices en Neustrie.

Années
après J.-C.

616. Edit de Bonneuil, par lequel l'hérédité des bénéfices est aussi reconnue en Bourgogne.

622. Hégire ou fuite de Mahomet de la Mekke à Médine. C'est de cet événement que date l'ère des Musulmans.

Période de gloire d'Héraclius.

633. Mort de Mahomet.

Abou-Békre, son beau-père, lui succède avec le titre de khalife ou vicaire du Prophète.

634. Omar I, second khalife.

638. La Syrie conquise par les Arabes Musulmans.

Troisième partage de l'empire des Francs entre les deux fils de Dagobert I : Clovis II, roi de Neustrie et de Bourgogne ; Sigebert, roi d'Austrasie.

Gouvernement des Maires du palais sous les rois fainéants.

640. Les Arabes font la conquête de l'Egypte.

641. Mort d'Héraclius.

644. Othman, troisième khalife.

652. La Perse conquise par les Arabes.

655. Ali, quatrième khalife.

660. Première révolution dans le khalifat.

Moaviah, gouverneur de Syrie, fonde la dynastie des khalifes Ommiades.

697. Les Vénitiens secouent le joug des empereurs d'Orient et s'érigent en république.

Anafesto, premier doge.

VIII° SIÈCLE.

707. Les Arabes font de grandes conquêtes en Asie.

708. Conquête de l'Afrique par les Arabes.

712. Les Arabes connus en Europe sous le nom de Maures ou Sarrazins, gagnent la bataille de Xérès et mettent fin à la domination des Visigoths en Espagne.

718. Les Goths échappés à la déroute de Xérès fondent le royaume chrétien des Asturies, dont Pélage, un de leurs chefs, est proclamé roi.

721. Première invasion des Sarrazins en France.

726. L'empereur Léon III, dit l'Isaurien ou l'Iconoclaste, publie un édit qui supprime le culte des images et ordonne leur destruction.

Rome s'érige en république sous l'autorité du pape Grégoire II.

732. Charles-Martel arrête les conquêtes des Sarrazins par la victoire de Tours.

750. Deuxième révolution dans le khalifat. Abboul-Abbas renverse la dynastie des Ommiades et commence celle des Abbassides.

752. Astolphe, roi des Lombards, s'empare de Ravenne et met fin à l'exarchat.

Déposition de Childéric III, le dernier des rois Mérovingiens.

Pépin-le-Bref, tige de la dynastie des Carlovingiens, est proclamé roi.

755. Pépin fonde la puissance temporelle des papes.

756. Le khalifat d'Occident ou de Cordoue fondé par Abd-al-rahman ou Abdérame, de la famille des Ommiades.

Froïla, roi des Asturies, établit sa résidence à Oviédo qu'il avait fondé, et prend le titre de roi d'Oviédo.

768. Charlemagne et Carloman, fils de Pépin, succèdent à leur père.

771. Mort de Carloman, Charlemagne seul roi de toute la monarchie des Francs.

772. Commencement des guerres de Charlemagne en Saxe elles durent presque sans interruption pendant trente-trois ans.

774. Le royaume des Lombards détruit par Charlemagne.

777. Diète de Paderborn; Charlemagne reçoit le serment de fidélité des principaux chefs Saxons, à l'exception de Wittikind.

785. Wittikind se soumet à Charlemagne et reçoit le baptême.

786. Avénement de Haroun-al-Raschild; sous son règne Bagdad devient le sanctuaire des lettres et des sciences.

793. Première invasion des Danois (Northmans), en Angleterre.

796. Destruction du royaume des Avares par Charlemagne.

Années
après J.-C.

800. L'Empire d'Occident rétabli ; Charlemagne est couronné
    empereur à Rome.

IX° SIÈCLE.

803. Diète de Saltz, qui termine la guerre contre les Saxons.

814. Premier partage de l'empire Carlovingien après la mort
    de Charlemagne ; son fils Louis I, le Débonnaire,
    est empereur, et son petit-fils, Bernard, est roi d'I-
    talie.

827. Egbert, roi de Wessex, réunit toute l'Heptarchie et fonde
    ainsi le royaume d'Angleterre.

830. Incursion des Normands en France.

831. Le comté de Navarre est démembré de l'empire Carlovin-
    gien.
    Aznar, premier comte.

841. Les Normands remontent la Seine, pillent Rouen et s'y
    établissent.

842. Fin de l'hérésie des Iconoclastes.

843. Traité de Verdun ; l'empire de Charlemagne est partagé
    entre les trois fils de Louis-le-Débonnaire ; la Lotha-
    ringie, ou France du nord, et l'Italie échoient à l'em-
    pereur Lothaire, la France, proprement dite, à Charles-
    le-Chauve, la Germanie, ou l'Allemagne, à Louis-le-
    Germanique.

857. Le comté de Navarre érigé en royaume.
    Garcie Ximénès, premier roi.

860. Le royaume de Pologne commence à prendre un rang en
    Europe sous la dynastie des Piasts.

862. Les Warègues (Northmans de la Suède) en Russie.
    Rurik, leur premier duc, s'établit à Novgorod-la-
    Grande.

871. Avénement d'Alfred-le-Grand, roi d'Angleterre.

874. Les Northmans, ou Norvégiens, découvrent l'Islande.

877. Capitulaire de Kiersy-sur-Oise, qui consacre l'hérédité des
    comtés et de toutes les charges.

878. Alfred-le-Grand soumet les Danois d'Est-Anglie et de
    Northumberland, qui embrassent le christianisme.

879. Fondation du royaume de Bourgogne - Cisjurane, par
Bozon.

887. Déposition, à la diète de Tribur, de l'empereur Charles-
le-Gros.

Démembrement définitif de l'empire Carlovingien.

Eudes, duc de France et comte de Paris, devient roi de
France.

Arnould, duc de Carinthie, est élu roi de Germanie.

Guy, duc de Spolète et Bérenger, duc de Frioul, se disputent la couronne d'Italie.

889. Les Hongrois (Ougres ou Madgiares), sous le commandement d'Arpad, s'établissent dans le pays qui a fini
par prendre leur nom.

895. Le royaume de Lorraine démembré de celui de Germanie
par Swentipolk, qui en devient le premier roi.

899. Bérenger, roi d'Italie, gagne la bataille de la Brenta sur
les Hongrois qui avaient envahi l'Italie.

900. Réunion des petites principautés de la Norvège en un
seul royaume par Harald.

Xᵉ SIÈCLE.

907. Les Hongrois dévastent toute l'Allemagne.

911. Mort de Louis-l'Enfant, dernier roi Carlovingien de Germanie.

Conrad, duc de Franconie, est élu pour le remplacer.

912 Traité de Saint - Clair sur Epte, qui assure la Normandie
à Rollon ; il en devient le premier duc et embrasse le
christianisme.

Splendeur du khalifat de Cordoue sous Abdérame III, le
Grand.

914. Ordogno II transporte dans la ville de Léon le siége du
royaume d'Oviédo, appelé, depuis cette époque,
royaume de Léon.

930. Le royaume d'Arles, de Vienne ou de Provence, se forme
par la réunion, sous Rodolphe II, des deux royaumes
de Bourgogne, cisjurane et transjurane, et du comté
de Provence.

933. Henri I, roi de Germanie, gagne sur les Hongrois la bataille de Mersebourg, et affranchit ses états du tribut qu'il payait, depuis vingt-six ans, à ces barbares.

944. Fondation d'Alger par l'Arabe Zéïri.

953. Moëz Sédinillah fonde dans l'Afrique orientale la dynastie des khalifes Fatimites.

955. Otton I, le Grand, roi de Germanie, gagne la bataille d'Augsbourg sur les Hongrois, qu'il force à reconnaître sa suprématie.

962. Otton-le-Grand, ayant réuni la couronne d'Italie à celle de Germanie, est couronné roi par le pape Jean XII, empereur des Romains. La dignité impériale est restée, depuis cette époque, attachée à la double couronne d'Allemagne et d'Italie.

968. Conquête de l'Egypte par les khalifes Fatimites, et fondation du Caire, qui devient leur capitale.

972. Les Sarrazins chassés de leurs derniers établissements en France.

980. La Syrie conquise par les Fatimites.

982. Les Norvégiens abordent au Groënland.

987. Avénement au trône de France de Hugues Capet, duc de France et comte de Paris, tige de la dynastie des Capétiens.

988. Les Russes embrassent le christianisme (rite grec). Kief devient la métropole de leur église.

996. Vaïc, duc de Hongrie, se convertit au christianisme et reçoit au baptême le nom d'Etienne.
Hakem, khalife Fatimite d'Egypte, commence à persécuter les chrétiens en Orient.

997. La république de Venise étend sa domination sur la mer Adriatique.

1000. Etienne reçoit du pape Sylvestre II la couronne angélique, avec laquelle il se fait couronner premier roi de Hongrie.

XIe SIÈCLE.

1001. Olaüs III change le titre de roi d'Upsal en celui de roi de

Suède; il est le premier roi en chef qui ait embrassé le christianisme.

Invasion des Danois en Angleterre.

1009. Décadence du khalifat de Cordoue.

Mohammed-al-Mahadi détrône Hescham II.

Le khalifat devient la proie des usurpateurs qui le démembrent peu à peu, de 1010 à 1030, en dix royaumes, dont les principaux sont : ceux de Murcie, Grenade, Saragosse, Valence, Séville et Tolède.

1014. Rois Danois en Angleterre. Suénon, roi de Danemark, chasse Ethelred et se fait proclamer roi d'Angleterre.

1015. Mort de Suénon; son fils Canut-le-Grand lui succède.

1018. Traité de Bautzen entre Henri II, empereur d'Allemagne, et Boleslas I, roi de Pologne.

1025. Premières conquêtes des Normands-Français en Italie.

1031. Fin du khalifat de Cordoue.

Hescham III, dernier khalife, est déposé.

1033. Le royaume d'Arles est réuni à la Germanie par le testament de Rodolphe III, son dernier roi.

La Castille est érigée en royaume par Sanche-le-Grand, roi de Navarre, en faveur de son fils Ferdinand I.

1035. Mort de Sanche III. Partage de ses états entre ses quatre fils. Ferdinand I reste roi de Castille; Garcie III devient roi de Navarre; Ramire I roi d'Aragon et Gonzalez comte de Sobrarve et de Ribagorce; mais les états de ce dernier sont réunis trois ans après au royaume d'Aragon.

1037. Bermude III, roi de Léon, est tué dans une bataille gagnée par Ferdinand I, roi de Castille; son royaume est réuni à celui du vainqueur. Ces deux royaumes furent dans la suite séparés et réunis à plusieurs reprises.

1038. Domination des Turcs Seldjoukides en Perse.

Togroul-Beg, chef des Turcomans, petit-fils de Seldjouk, proclamé sultan.

1042. Les rois Anglo-Saxons rétablis en Angleterre.

Edouard III, le Confesseur, fils d'Ethelred II, proclamé roi.

1043. Nouvelles conquêtes des Normands-Français en Italie.

Guillaume I, comte de Pouille.

1054. Schisme de l'Eglise grecque.

1059. Robert Guiscard, prince normand, premier duc de Pouille
et de Calabre.

1061. Roger I, prince normand, premier comte de Sicile.

1066. Bataille d'Hastings ; Harold y périt.
L'Angleterre conquise par Guillaume-le-Conquérant, duc
de Normandie.

1069. Yousef-ben-Taschfin, chef des Almoravides, fonde la ville
et l'empire de Maroc.

1071. Soliman, chef des Turcs Seldjoukides, et bientôt après
sultan, fait la conquête de l'Asie occidentale.

1074. La querelle des investitures commence la lutte entre le
sacerdoce et l'empire.

1081. Avénement des Comnènes au trône de Constantinople.

1092. L'empire des Turcs Seldjoukides est démembré en quatre
sultanies après la mort de Malek-Schah.

1094. Le Portugal conquis sur les Sarrazins par Henri de Bourgogne, son premier comte.

1095. Concile de Clermont. Le pape Urbain II y prêche la première croisade et envoie Pierre l'Ermite la prêcher
dans toute l'Europe.

1096. Départ de la première Croisade.

1098. Bataille de Nicée, suivie de la prise d'Antioche, qui est
érigée en principauté en faveur de Boémond, prince de
Tarente.

1099. Jérusalem prise par les croisés ; Godefroi de Bouillon,
duc de la Basse-Lorraine, en est élu roi.

1100. Fondation de l'ordre des Hospitaliers ou Chevaliers de
Saint-Jean-de-Jérusalem.

XIIe SIÈCLE.

1118. Fondation de l'ordre des Templiers par Hugues de Payens.

1122. Concordat de Worms, qui termine la querelle des investitures.
L'élection des souverains pontifes affranchie de la sanction des empereurs.

1125. Lothaire II, duc de Saxe, élu empereur après la mort de

Henri **V**, dernier empereur de la maison de **Franconie**.

1130. Royaume des Deux-Siciles fondé par Roger II, comte de Sicile et duc de Pouille et de Calabre.

Les communes sont admises à faire partie des états ou cortès d'Aragon.

1138. Avénement de la maison impériale de Souabe. Conrad III, seigneur de Wiblingen (Gibelin), est élu empereur à l'exclusion de Henri-le-Superbe, chef de la maison **Welf** (Guelfe). Origine de la querelle dès Guelfes et des Gibelins.

1139. Le comté de Portugal érigé en royaume en faveur d'Alfonse Henriquez, proclamé roi avant la bataille d'Ourique.

1147. Seconde croisade entreprise sous la conduite de Louis VII, le Jeune, roi de France, et de Conrad III, empereur d'Allemagne.

1152. Origine de la rivalité entre la France et l'Angleterre.

1157. Les Almohades succèdent aux Almoravides, à Maroc et en Espagne.

1162. L'empereur Frédéric Barberousse prend et ruine Milan.

1164. Première ligue lombarde formée pour affranchir l'Italie du joug des empereurs.

1173. Saladin met fin à la dynastie des khalifes Fatimites d'Egypte, et commence lui-même celle des sultans Ayoubites.

1176. Avénement de Tchinghis, Khan des Mongols.

1183. Paix de Constance, qui assure l'indépendance des villes lombardes.

1187. Saladin gagne la bataille de Tibériade et s'empare de Jérusalem et de Saint-Jean-d'Acre.

1190. Troisième croisade, dont les chefs sont : Frédéric Barberousse, empereur d'Allemagne, Philippe II Auguste, roi de France, Richard Cœur-de-Lion, roi d'Angleterre.

L'ordre Teutonique, fondé par Henri Walpot.

1191. Les croisés s'emparent de Saint-Jean-d'Acre.

Philippe-Auguste abandonne la croisade.

1192. Le royaume de Chypre établi en faveur de Guy de Lusignan, roi déchu de Jérusalem.

Richard Cœur-de-Lion revient en Europe ; il est retenu
captif en Allemagne.

1198. Origine de l'Inquisition.

1200. Université de Paris.

XIIIe SIÈCLE.

1201. Fondation de l'ordre des chevaliers Porte-Glaive en Livonie.

1202. Quatrième croisade, dont les principaux chefs furent :
Baudouin, comte de Flandre ; Boniface II, marquis de
Monferrat ; Henri Dandolo, doge de Venise.

1204. Empire latin fondé à Constantinople par les croisés.
Baudouin, comte de Flandre, premier empereur.
Thomas Lascaris transporte à Nicée le siége de l'empire
grec.
Un prince de la famille de Comnène fonde celui de Tré-
bizonde.

1206. Commencement des grandes conquêtes et de la puissance
de Tchinghis-Khan (Gengiskhan).

1208. Croisade contre les Albigeois.

1212. Bataille de Las-Navas de Tolosa, qui porte un coup funeste à la domination des Musulmans en Espagne.

1214. Valdemar II, roi de Danemark, fonde le royaume de
Vandalie.

1215. Jean-sans-Terre est contraint par les barons d'accorder
la *Grande-Charte* à l'Angleterre.

1217. Cinquième croisade.

1226. Seconde ligue lombarde.

1227. Mort de Tchinghis-Khan. Partage de son empire.

1228. Sixième croisade. Elle eut pour chef Frédéric II, empereur d'Allemagne.

1238. Le royaume de Valence conquis sur les Maures par Jacques I, roi d'Aragon.
La Russie sous la domination des Tartares Mongols.

1241. Formation de la ligue Hanséatique (commerciale) ou
Hanse-Teutonique.

1248. Septième croisade. Chef, saint Louis.

1249. Les Arabes Almohades d'Espagne commencent à se servir de la poudre à canon.

1250. Mort de l'empereur Frédéric II, suivie du grand interrègne en Allemagne.
Défaite de Mansourah ou la Massoure. Saint Louis est fait prisonnier.

1255. Confédération des villes du Rhin.

1256. Origine des sept électeurs d'Allemagne. Les grands-officiers de l'empire s'arrogent, après la mort de Guillaume, le privilége exclusif d'élire l'empereur.

1258. Les Tartares Mongols s'emparent de Bagdad et mettent ainsi fin au khalifat d'Orient.

1260. Michel Paléologue, tige de la dynastie des Paléologues, élu empereur à Nicée.

1261. Fin de l'empire latin de Constantinople.
Michel Paléologue détrône Baudouin II, et reporte à Constantinople le siége de l'empire grec.

1264. Les députés des comtés admis au parlement anglais.

1266. Bataille de Bénévent où périt Mainfroi. Cette victoire assure le trône de Naples à Charles d'Anjou.

1268. Conradin, vaincu à Tagliacozzo près d'Aquila, est décapité à Naples par ordre de Charles d'Anjou.

1270. Huitième et dernière croisade, dont les chefs sont saint Louis, roi de France, et son frère Charles d'Anjou, roi des Deux-Siciles.
Saint Louis meurt au siége de Tunis.

1273. Rodolphe, comte de Habsbourg, est élu empereur par les sept électeurs, ce qui met fin au grand interrègne en Allemagne.

1282. Vêpres Siciliennes.
Le royaume de Sicile enlevé à la maison d'Anjou par Pierre III, le Grand, roi d'Aragon.

1290. Pise ruinée par les Génois, qui la forcent à combler son port et lui enlèvent l'île de Corse.

1291. Les Chrétiens perdent leurs derniers établissements en Syrie.
Les Hospitaliers et les Templiers se retirent dans l'île de Chypre.

1293. Seconde période de la rivalité entre la France et l'Angleterre.

1294. Fin de l'empire des Turcs Seldjoukides.

1295. La chambre des communes commence à se constituer en
Angleterre.

Troubles en Espagne. Factions des Lacerda, des Haro et
des Lara.

1299. Othman fonde l'empire des Turcs Ottomans.

XIVe SIÈCLE.

1303. Premiers états-généraux en France.

1308. Formation de la Ligue Helvétique.

1309. Le Saint-Siége transféré à Avignon par Clément V.

1326. Orkhan, fils d'Othman, succède à son père et prend le
premier le titre de sultan.

1328. L'empereur Louis V fait une expédition en Italie, pour
relever le parti Gibelin.

Il est excommunié par le pape.

1333. Avénement de Casimir III, le Grand, législateur de la
Pologne.

1337. Troisième période de la rivalité entre la France et l'Angleterre.

Commencement de la guerre de cent ans.

1339. Simon Boccanegra créé premier doge de Gênes.

1344. Alphonse, roi de Castille, met fin à la domination des
Musulmans en Espagne, par la prise d'Algésiras , dernière possession des Arabes Mérinides en Espagne.

1350. Triomphe des Génois sur les Vénitiens pendant la guerre
de Kaffa.

1356. Diète de Nuremberg, où fut décrétée la *Bulle d'or*, qui
détermine le lieu et le mode d'élection des empereurs.

1359. La prise de Gallipoli, sur l'Hellespont, ouvre l'entrée de
l'Europe aux Turcs Ottomans.

Mort d'Orkhan, premier sultan, créateur des janissaires.

Mourad ou Amurath I, son fils, lui succède.

1363. Jean II, le Bon, roi de France, accorde à son fils Philippe-le-Hardi le duché de Bourgogne. La Flandre,

l'Artois, le Brabant, la Hollande, etc., sont successivement réunis à ce duché. Les ducs de Bourgogne deviennent ainsi les vassaux les plus puissants et les plus redoutables des rois de France.

1368. Pierre-le-Cruel, roi de Castille et de Léon, détrôné et tué par son frère Henri, comte de Transtamare, qui est reconnu roi.

1370. Timour-Leng ou Tamerlan fonde à Samarkand un nouvel empire mongol.

1378. Grand schisme d'Occident occasionné par l'élection simultanée de deux papes :
Urbain VI, à Rome; Clément VII, à Avignon.

1380. Guerre de Chiozza entre Gênes et Venise.
Trève entre la France et l'Angleterre, après la mort de Charles V.

1381. Paix de Turin entre Gênes et Venise.

1385. Continuation de la guerre de cent ans entre la France et l'Angleterre.

1386. Réunion de la Pologne, de la Lithuanie et des Russies, par le mariage d'Hedwige, reine de Pologne, avec Jagellon, grand-duc de Lithuanie. Ce prince embrasse le christianisme et prend le nom de Vladislas I, Jagellon.

1389. Le Danemark, la Suède et la Norvège réunis sous le sceptre de Marguerite de Valdemar, reine de Danemark.
Amurat, sultan des Turcs Ottomans, gagne sur les Serviens et les Hongrois la bataille de Cassovo et périt dans son triomphe ; son fils Bajazet lui succède.

1395. La seigneurie de Milan érigée en duché en faveur de Jean Galéas Visconti.

1396. Bataille de Nicopolis, gagnée par Bajazet I, sultan des Turcs Ottomans, sur Sigismond, roi de Hongrie, et les Français venus à son secours.

1397. *Union de Calmar*, qui sanctionne la fédération du Danemark, de la Suède et de la Norvège.

XVᵉ SIÈCLE.

1402. Tamerlan gagne la bataille d'Ancyre sur Bajazet et le
fait prisonnier.

1405. Mort de Tamerlan.
Son immense empire est démembré.

1406. La conquête de Pise assure à la république de Florence
la domination de la Toscane.

1412. Musa, sultan des Turcs Ottomans, gagne sur l'empereur
Sigismond la bataille de Semendria.

1415. Première guerre des Portugais en Afrique ; ils prennent
Ceuta sur les Maures.

1417. Le comté de Savoie érigé en duché par l'empereur Sigismond en faveur d'Amédée VIII, comte de Savoie.

1418. Les Portugais Tristan Vaz et Zarco découvrent Porto-
Santo.

1419. Ils arrivent à Madère.

1422. Amurat II assiége Constantinople.

1429. Côme, fils de Jean de Médicis, banquier de Florence,
qui avait acquis une grande considération par sa for-
tune et son mérite , se rend lui-même célèbre par sa
bienfaisance et fait de sa patrie le siége des sciences et
des arts.

1435. Les Turcs Ottomans s'emparent de Semendria et vont
faire le siége de Belgrade.

1436. Invention de l'imprimerie par Jean Gutenberg, gentil-
homme de Mayence. Il monta la première presse à
Strasbourg ; Faust devint son associé à Mayence.

1442. Commencement de la traite des nègres.

1444. Amurath II gagne la bataille de Varna sur Vladislas VI, roi
de Pologne et de Hongrie, qui y est tué.
Andrinople devient la capitale des Ottomans.

1448. Rupture de l'*Union de Calmar*.
La Suède se sépare du Danemark et de la Norvège, qui
restent réunis.

1449. L'abdication de l'anti-pape Félix V met fin au grand
schisme d'Occident. Le Saint-Siége est reporté à Rome.

1450. La maison de *Sforza* ou Sforce succède aux Visconti dans le duché de Milan.

1452. Le marquis Borso d'Este est créé, par l'empereur Frédéric III, premier duc de Modène et de Reggio.

1453. Fin de la guerre de cent ans entre la France et l'Angleterre ; les Anglais ne conservent plus en France que Calais.

Chute de l'empire romain d'Orient.

Constantinople, vainement défendue contre Mahomet II par Constantin Paléologue, qui périt les armes à la main, devient la capitale de l'empire ottoman.

LIVRE VII.

HISTOIRE MODERNE.

(Extrait de l'*Atlas historique des États Européens* de KRUSE, traduit et complété par MM. ANSART et LE BAS.)

XVe SIÈCLE.

Années
après J.-C.

1452. Frédéric est couronné à Rome empereur d'Allemagne. Il assure à sa maison la dignité d'Archiduc.

1453. Le pape Nicolas V accueille les savants forcés de s'enfuir de Constantinople.

1456. Mahomet II prend Athènes et met fin aux diverses principautés qui existaient dans l'ancienne Grèce.

1458. Mathias I (Huniade Corvin), élu roi de Hongrie; l'empereur Frédéric lui dispute le trône sans succès.

Commencement des conquêtes des Portugais en Afrique.

Gênes, sans cesse déchirée par des troubles intérieurs, est forcée de reconnaître successivement la souveraineté des Français et des ducs de Milan.

1460. Les Suisses font la conquête de la Thurgovie.

1461. Mahomet renverse le faible empire de Trébizonde.

Découverte des îles du cap Vert et de la Guinée.

1462. Ivan III Vasiliévitch fait venir des artistes et des mineurs de l'Italie et de l'Allemagne.

1466. L'ordre de Livonie perd la plus grande partie de ses possessions; le Grand-Maître devient lui-même prince polonais et conseiller du royaume,

1467. Mort de Scanderbeg; l'Albanie tombe au pouvoir des Turcs.

1469. Négrepont est enlevé aux Vénitiens par les Turcs.

Mathias I, roi de Hongrie, obtient aussi la couronne de Bohême; il s'illustre par la guerre et par les soins qu'il donne à la culture des lettres.

1471. Borso d'Este est créé duc de Ferrare par le pape Paul II.

1473. Frédéric érige le Holstein en duché.

La république de Venise s'empare du royaume de Chypre.

1475. Gênes se voit enlever par les Turcs ses dernières possessions en Orient.

1479. Mahomet attaque vainement Rhodes.

La Castille et l'Aragon sont réunis par suite du mariage
d'Isabelle de Castille avec Ferdinand, roi d'Aragon.

1480. L'inquisition est introduite en Espagne par le cardinal
Mendoza.

1481. Fribourg et Soleure entrent dans la Confédération Suisse;
le Valais et les Grisons s'y joignent aussi.

1483. Catherine, femme de Jean d'Albret, et sœur de François
Phœbus, comte de Foix et roi de Navarre, succède à
son frère.

1486. Bartholomée Diaz fait la découverte du *cap de Bonne Es-
pérance*.

1487. Ivan III fait la conquête de Kazan.

Fin de la domination des Tartares en Russie.

1492. Ferdinand, roi d'Aragon, s'empare de Grenade et met
ainsi fin à la domination musulmane en Espagne.

Christophe Colomb découvre l'Amérique.

1493. Le pape désigne un degré du méridien pour limite de séparation entre les découvertes des Portugais et celles
des Espagnols.

Al-Zagal, dernier roi de Grenade, quitte l'Espagne pour se
retirer en Afrique.

Les Juifs sont bannis de l'Espagne.

1494. Maximilien abandonne à son fils Philippe le gouvernement des Pays-Bas.

1495. Djem (Zizim), frère cadet de Bajazet II, lui dispute le
trône; il est vaincu, et se réfugie à Rome où il meurt
empoisonné.

Diète de Worms.

Paix publique perpétuelle.

Institution d'une cour impériale de justice.

1496. La Terre-Neuve est découverte par Cabot; les Anglais en
prennent possession.

Le Wurtemberg est érigé en duché.

L'archiduc Philippe est marié à *Jeanne*, fille de Ferdinand-le-Catholique, et le fils unique de celui-ci épouse
Marguerite, fille de Maximilien.

Le pape accorde à Ferdinand et à Isabelle le titre de *rois
catholiques*.

Philippe d'Autriche épouse *Jeanne*, seconde fille de Ferdinand et d'Isabelle.

1498. Vasco de Gama se rend par mer aux *Indes-Orientales*.

1499. Louis Sforce *le More* est chassé de Milan par Louis XII ;
l'année suivante il est fait prisonnier et conduit en
France.

1500. Pedro Alvarez de Cabral découvre le Brésil ; le Portugal
en prend possession.

XVIe SIÈCLE.

1502. Bajazet conclut une trève de sept ans avec toutes les
puissances chrétiennes.

1504. Le royaume de Naples ainsi que la Sicile et la Sardaigne
demeurent réunis à l'Espagne jusqu'en 1713.

1505. Vasili IV (Ivanovitch) prend le premier le titre de Tzar
de toutes les Russies.

1506. Les Français découvrent le cap Breton.

1507. Jules II commence la construction de l'église de St-Pierre.

1508. Jules forme la ligue de Cambrai contre Venise.

Les Espagnols soumettent successivement à leur domination *Porto-Rico*, la *Jamaïque*, *Cuba ;* ils détruisent,
par des traitements cruels, presque tous les indigènes,
particulièrement à *Saint-Domingue*.

1509. Les Espagnols, déjà en possession des Canaries, font
la conquête de presque toute la côte septentrionale
de l'Afrique, depuis Oran jusqu'à Tripoli.

Les Vénitiens, complétement défaits par les Français à
Agnadello ou Agnadel, sont en danger de perdre toutes
leurs possessions sur la Terre ferme.

1510. Les Suisses se liguent avec le pape contre les Français ;
Ils les chassent de l'Italie par la victoire de Novare.

1511. Jules II forme la sainte ligue contre la France.

1512. Ferdinand-le-Catholique fait la conquête de toute la partie de la Navarre située au midi des Pyrénées.

1513. Les *Médicis*, soutenus par le pape Jules, sont rappelés; le cardinal *Jean de Médicis* acquiert une grande considération, et devient pape.

Le pape Léon X (*Jean de Médicis*), exerce sur son siècle une bienfaisante influence par la protection éclairée qu'il accorde aux lettres et aux arts.

1515. Charles Quint commence à régner dans les Pays-Bas.

1516. Il succède en Espagne à son grand-père Ferdinand-le-Catholique.

1517. Sélim I conquiert toute la Syrie, et soumet l'Egypte à sa domination.

Martin *Luther* commence ses attaques contre la cour de Rome; il est protégé par l'électeur de Saxe, Frédéric-le-Sage; la Réforme fait bientôt des progrès rapides.

Zwingle introduit la Réforme en Suisse.

1518. Christian II est couronné à Stockholm; il fait massacrer presque toute la noblesse suédoise qui lui était opposée.

1519. Les Espagnols font la conquête du Mexique sous Fernand Cortez.

La guerre contre l'ordre Teutonique est décidée à la diète de Thorn.

Achmet et Méhémet, de la famille sacrée des chérifs, enlèvent *Maroc* à la famille des Mérinides; leurs descendants règnent encore dans ce pays au XIXᵉ siècle.

1521. Ferdinand *Magellan* découvre les Manilles, les îles des Larrons, les Moluques et le détroit qui porte son nom.

Gustave I (Vasa) défait les troupes de Christiern à l'aide des paysans de la Dalécarlie; il est proclamé administrateur et ensuite roi de Suède.

Luther brûle, le 10 décembre, la bulle que le pape avait lancée contre lui; il se défend à la diète de Worms; il est mis au ban de l'empire.

Les Suisses concluent une alliance perpétuelle avec la France.

Paul III investit son fils Pierre-Louis *Farnèse* du duché de Parme et de Plaisance,

1522. Prise de Rhodes par les Ottomans, après la défense mémorable de cette île par le grand-maître, *Villiers de l'Ile-Adam*.

1523. La noblesse danoise se révolte dans le Jutland et choisit pour roi Frédéric I, duc de Holstein.

1524. Le roi de Danemark, Frédéric I, reconnaît la Suède comme royaume indépendant.

1525. Paix perpétuelle à Cracovie.

Albert conserve comme *duché séculier*, et sous la souveraineté de la Pologne, la portion de la Prusse appartenant à l'ordre de Livonie.

Bataille de Pavie.

1526. Traité de Madrid. François I recouvre sa liberté; mais la guerre recommence presque immédiatement entre ce prince et Charles-Quint.

Soliman II marche contre la Hongrie; Louis est entièrement défait à Mohacs, et perd la vie dans la retraite; Jean de Zapoli est reconnu roi de Hongrie par la protection de Soliman; commencement de la domination des Turcs dans ce pays.

Les princes de Valachie et de Moldavie tombent également sous la domination de la Porte.

1527. Les Impériaux, commandés par le duc de Bourbon, prennent Rome d'assaut et font le pape prisonnier.

1528. André Doria établit à Gênes une constitution aristocratique.

1529. Magellan découvre un passage à l'Occident pour aller aux Moluques.

Les Espagnols conquièrent sous Pizarre le *Pérou* et le *Chili*.

Diète de Spire : toute innovation ultérieure dans la religion est défendue; les assemblées évangéliques protestent.

Les Turcs devant Vienne.

1530. Diète d'Augsbourg; les Luthériens publient leur confession.

Le marquis Frédéric II de Gonzague est créé duc par Charles-Quint; son frère Ferdinand fonde la branche collatérale de Guastalla.

Charles-Quint, en sa qualité de roi des Deux-Siciles, donne *Malte* et *Tripoli* aux chevaliers de Saint-Jean, chassés de Rhodes par les Turcs.

1531. Les protestants forment à Smalkalde une ligue défensive.

1532. Diète de Nuremberg; les protestants obtiennent des sûretés.

1533. Les Portugais soumettent Ceylan et les Moluques; leur commerce s'étend jusqu'en Chine.

1534. Les Français découvrent le Canada; ils y établissent à plusieurs reprises des colonies qui ne réussissent pas.

1535. Les Espagnols fondent Buénos-Ayres.

1536. Troisième guerre entre François I et Charles-Quint.
La Norvège devient province danoise.
Jean Calvin, fils d'un tonnelier de Noyon, et l'un des plus célèbres apôtres de la Réforme, s'établit à Genève, qui devient comme la capitale du Calvinisme.

1538. Soliman enlève aux Vénitiens le reste de leurs possessions dans la Morée et dans l'Archipel.
Jacques, roi d'Écosse, épouse Marie de Guise.
Le pape s'interpose à Nice pour la conclusion d'une trève de dix ans entre François I et Charles-Quint.

1539. Révolte à Gand; Charles-Quint se rend dans les Pays-Bas par la France; son entrevue avec François I, à Paris.

1540. Paul III confirme l'*ordre des Jésuites* fondé depuis 1534 par *Ignace de Loyola*.

1542. Charles-Quint met un terme aux cruautés des Espagnols dans les Indes, par l'établissement du conseil des Indes.
La guerre éclate de nouveau entre lui et François I.

1544. Gustave Vasa obtient l'hérédité de la couronne pour ses descendants mâles; il favorise le commerce et jette les fondements de la puissance maritime de la Suède.
Victoire de Cérisoles, qui force Charles-Quint à signer la paix de Crépi; fin de la rivalité de ce prince et de François I.

1545. Ouverture du concile de Trente convoqué par le pape Paul III, pour décider les questions soulevées par la Réforme.

1546. Paix d'Ardres entre François I et Henri VIII.

L'Empereur, décidé à anéantir la ligue protestante, s'unit avec son frère Ferdinand et avec le duc Maurice; il met au ban de l'empire l'électeur de Saxe et le landgrave Philippe de Hesse.

Michel-Ange, célèbre tout à la fois comme peintre, sculpteur et architecte, entreprend la continuation de l'église de Saint-Pierre.

1547. Le tzar Ivan cherche par tous les moyens à répandre la civilisation en Russie.

Conjuration de Fiesque.

Commencement des guerres excitées par la Réforme.

1548. Marie Stuart, qui avait dû épouser le prince Edouard d'Angleterre, est envoyée en France, et fiancée au dauphin François II.

1552. Ivan s'empare de Kazan et deux ans après d'Astrakhan.

Le roi de France Henri II fait alliance avec les protestants d'Allemagne contre Charles-Quint; il s'empare des évêchés de Metz, Toul et Verdun.

1553. Charles-Quint perd sans résultat quarante mille hommes au siége de Metz.

1554. Charles-Quint donne Naples à son fils Philippe, qui épouse Marie d'Angleterre.

1555. Paix de religion à la diète d'Augsbourg.

1556. Charles-Quint résigne le sceptre.

1558. Ferdinand I est couronné empereur à Francfort; le pape Paul IV, ayant refusé de le reconnaître, il ne cherche point à se faire couronner à Rome; cet usage cesse dès lors d'exister.

1559. Philippe II force Henri II à signer la paix de *Cateau-Cambresis*, qui procure au monarque espagnol la possession de places importantes sur la frontière des Pays-Bas; cependant la France conserve les Trois-Évêchés.

L'Espagne, qui commence à recevoir d'immenses trésors du *Nouveau-Monde*, est alors au plus haut degré de sa puissance.

1562. Seconde session du concile de Trente.

1564. Philippe II, à son départ des Pays-Bas, y laisse sa sœur
Marguerite comme gouvernante générale.

1565. Belle défense de Malte contre les Turcs, par le grand-
maître la Valette.

1567. Troubles dans les Pays-Bas ; arrivée et cruelles exécutions
du duc d'Albe.

1568. Philippe II fait mettre à mort son fils don Carlos.

1571. Conquête de l'île de Chypre par les Turcs.
Bataille navale de Lépante gagnée par don Juan d'Autriche sur les Turcs.

1572. Avec Sigismond II s'éteint la ligne masculine des Jagel-
lons. La Pologne devient royaume électif et république aristocratique ; la puissance de cet état commence
dès lors à déchoir.

1574. Henri de Valois, élu roi de Pologne, arrive dans ce pays ;
mais il le quitte au bout de cinq mois pour retourner
en France, où il monte sur le trône sous le nom de
Henri III.
Fondation de Kronenborg, péage du Sund.

1581. La Sibérie soumise à la Russie.
Grégoire XIII fait réformer le calendrier Julien.

1584. Le calendrier Grégorien est adopté par les Etats catholiques ; les protestants et les Russes conservent le calendrier Julien.

1585. Pontificat de Sixte V ; ce pape enrichit la bibliothèque du
Vatican, construit un superbe aqueduc et laisse un
trésor considérable.

1587. Puissance de la maison de Médicis à Florence.

1595. Les Hollandais arrivent dans les Indes-Orientales et établissent des comptoirs à Java.

XVIIe SIÈCLE.

1602. Etablissement de la compagnie hollandaise des Indes-
Orientales.
Grandes conquêtes des Hollandais en Asie.

1604. Les Français prennent possession de l'*Acadie* et deux ans
plus tard du *Canada*.

Années
après J.-C.

1609. Ouverture de la succession de Juliers, Clèves et Berg, qui
devient une nouvelle cause de guerre en Allemagne.

L'indépendance des Provinces-Unies est reconnue par
l'Espagne et par les autres puissances.

Les Maures, composant la partie la plus industrieuse de
la population de l'Espagne, sont chassés de ce pays.

Cosme II de Médicis, duc de Toscane, fait fleurir le commerce et encourage les sciences et les arts.

1610. Anarchie en Russie.

1611. Gustave-Adolphe monte sur le trône de Suède, et fait
d'importantes conquêtes aux dépens de la Russie et de
la Prusse.

1617. Le duché de Prusse est réuni à l'électorat de Brandebourg.

1618. Commencement de la *guerre de Trente-Ans*. Période pa-
latine.

1620. Bataille de Prague.

1622. Abbas I, schah de Perse, chasse les Portugais d'Ormouz.

1623. Mourad IV (Amurath) l'Intrépide, trouve tout l'empire
ottoman révolté; mais il rétablit bientôt l'ordre.

1624. Les Hollandais font peu à peu la conquête du Brésil; ils
en sont chassés par les Portugais en 1696.

L'électeur palatin obtient la création en sa faveur d'une
huitième voix électorale en dédommagement de celle
qui lui avait été enlevée pour être donnée au duc de
Bavière.

Richelieu commence à travailler à l'exécution du plan
conçu par Henri IV pour l'abaissement de la maison
d'Autriche.

1625. Continuation de la guerre de Trente-Ans. Période danoise.

1626. La Pologne soutient des guerres fréquentes contre les
Russes; elles ne sont interrompues que par des trèves
de courte durée.

1627. Les Hollandais fondent plusieurs établissements dans la
Guiane.

1629. Continuation de la guerre de Trente-Ans. Période suédoise.

Années
après J.-C.

1630. Les Français s'emparent de la partie nord-ouest de *Saint-Domingue* abandonnée par les Espagnols, et prennent successivement possession de la Guadeloupe, de Marie-Galante, de la Martinique, de la Grenade, de Saint-Barthélemi, etc.

1632. Bataille de Lutzen, gagnée sur Wallenstein, le plus habile des généraux Allemands, par le roi de Suède Gustave-Adolphe, qui y perd la vie.

Galilée cité devant l'inquisition de Rome pour sa défense du système de Copernic, est forcé de se rétracter.

1633. Les Pays-Bas catholiques retournent à l'Espagne après la mort d'Isabelle.

1634. L'archiduc Ferdinand III gagne sur les Suédois et les protestants d'Allemagne la fameuse bataille de *Nordlingen*.

1635. Dernière période de la guerre de Trente-Ans. Période française.

Richelieu fait alliance avec la Suède, les protestants d'Allemagne, la Hollande, la Savoie, etc., et déclare la guerre à l'Empereur et à l'Espagne,

1637. La Hollande et le Danemark forment des établissements sur la côte de Guinée.

1640. Avénement de l'électeur Frédéric-Guillaume le Grand, le fondateur de l'indépendance et de la grandeur de la Prusse.

Révolution de Portugal. Avénement de la maison de Bragance au trône de ce royaume.

1642. Les Français établissent sans succès à Madagascar une colonie qu'ils transportent ensuite à l'île Bourbon.

1643. Avénement de Louis XIV au trône de France. Mazarin, premier ministre, poursuit l'exécution des plans de Henri IV et de Richelieu pour l'abaissement de la maison d'Autriche.

1644. Le dernier duc d'Urbin lègue ses Etats au Saint-Siége.

Christine, reine de Suède, prend les rênes du gouvernement ; mais l'étude des sciences la préoccupe plus que les soins de l'administration.

1645. Guerre des Ottomans contre Venise, au sujet de Candie.

1647. Maz-Aniello et Annese excitent à Naples des troubles sé-
        rieux.
1648. Paix de Westphalie négociée à Osnabrück et à Munster;
        elle met fin à la guerre de Trente-Ans, et pose les bases
        du *système d'équilibre*.
      L'indépendance de la confédération Helvétique est re-
        connue par ces traités, et cette république déclarée
        neutre à perpétuité.
      Révolution d'Angleterre.
1649. Le roi de la Grande-Bretagne Charles I est décapité et la
        république proclamée.
1650. Mort de Guillaume II; les Provinces-Unies restent sans
        stathouder, sous l'administration de Jean de Witt,
        grand-pensionnaire de Hollande.
      Les Hollandais prennent possession du Cap de Bonne-
        Espérance.
      Christine fait déclarer pour son successeur au trône de
        Suède son cousin le comte palatin Charles-Gustave.
1653. Une bulle, lancée contre quelques doctrines de *Jansenius*,
        soulève dans les Pays-Bas et en France des querelles
        qui durent fort longtemps.
1654. Christine, reine de Suède, abdique la couronne et se retire
        en Italie où elle embrasse la religion catholique.
1655. Charles X, roi de Suède, pénètre en Pologne et conquiert
        en une campagne toute la grande Pologne.
1659. Paix des Pyrénées entre la France et l'Espagne.
1660. La paix est conclue à Oliva, entre la Suède et le Dane-
        mark, par l'intervention de toutes les puissances chré-
        tiennes.
      Restauration des Stuarts sur le trône d'Angleterre.
      Révolution en Danemark.
      Paix de Kardis entre la Russie et la Suède.
1663. Les Hollandais enlèvent aux Portugais une grande partie
        de leurs possessions dans les Indes-Orientales.
1664. Les Turcs, commandés par le grand-visir Kiouperli, son
        complétement défaits à Saint-Gothard par Monté-
        cuculli.
      Paix de Témesvar entre l'Empereur et les Turcs.

1665. Le duché de Mantoue est incorporé à l'Autriche.

1666. Traité définitif de Clèves pour le partage de la succession de Juliers.

1668. Triple alliance de l'Angleterre, des Provinces-Unies et de la Suède contre Louis XIV qui est contraint de signer la paix d'Aix-la-Chapelle.

L'indépendance du Portugal est enfin reconnue par l'Espagne.

1669. Les Jésuites se font tolérer dans la Chine en y propageant un grand nombre de connaissances utiles.

La république de Venise est forcée, après une héroïque résistance, d'abandonner aux Turcs l'île de Candie.

1670. Le duc de Lorraine, Charles III, est chassé de ses Etats par Louis XIV.

Louis XIV, de concert avec l'Angleterre, la Suède, Cologne, etc., cherche à anéantir les Provinces-Unies, qui sont soutenues par l'Espagne, l'Allemagne et le Danemark.

1672. Révolution dans les Provinces-Unies en faveur du prince d'Orange Guillaume III, nommé bientôt stathouder héréditaire.

Les Hollandais, pour sauver leur indépendance, coupent les digues qui défendent leur pays contre l'irruption de la mer.

1674. Nouvelle coalition contre la France.
Turenne ravage le Palatinat.
Bataille indécise de Seneffe.

1676. Innocent XI abolit le droit d'asile pour les criminels dans les palais des ambassadeurs.

1677. Première guerre entre les Russes et les Turcs.

1678. Paix de Nimègue ; la France garde la Franche-Comté.
La Hollande devient un des plus puissants Etats de l'Europe.

1679. Les Français s'établissent à *Pondichéri*.

1682. Pierre Ier. C'est de son règne que datent la civilisation et la puissance de la Russie.

1683. Guillaume *Penn* bâtit Philadelphie.
Le grand-visir Kara-Mustapha est aux portes de Vienne ;

il est défait par Charles IV de Lorraine et par Jean Sobieski, roi de Pologne.

1684. La république de Venise s'empare de *Sainte-Maure* et de la *Morée.*

1686. Paix perpétuelle entre la Pologne et la Russie.

Ligue d'Augsbourg formée contre Louis XIV par l'Europe presque tout entière.

1688. Révolution en Angleterre ; Guillaume d'Orange remplace Jacques II.

1690. Victor-Amédée II, qui avait pris part à la ligue contre la France, est défait par Catinat à Staffarde ; il perd la Savoie, Nice, etc.

1691. L'empereur de Chine Kang-hi déclare publiquement la religion chrétienne digne d'être embrassée.

1692. Erection d'un neuvième électorat en faveur de la maison de Hanovre.

1693. Les Hollandais enlèvent aux Anglais Bantam, et les chassent successivement des Moluques, de Malakka, de Ceylan, de Macassar.

1696. Siége et prise d'Azof par le tzar Pierre-le-Grand ; naissance de la marine russe.

1697. Le prince Eugène de Savoie remporte sur les Turcs une victoire décisive à Zentha.

Paix de Ryswyk. La France garde Strasbourg et les villes impériales de l'Alsace ; le duc de Lorraine est rétabli.

1699. Paix de Carlowitz. La Porte ne conserve de la Hongrie que la seule place de Témesvar.

1700. Charles II institue son neveu Philippe d'Anjou, petit-fils de Louis XIV, pour héritier de la monarchie espagnole.

Commencement de la grande guerre des puissances du Nord, la Russie, la Pologne et le Danemark, contre le roi de Suède Charles XII. Ce prince défait complétement avec 9,000 hommes les Russes au nombre de 40,000, et délivre Narva qu'ils assiégeaient.

XVIIIᵉ SIÈCLE.

1701. L'électeur de Brandebourg, Frédéric III, se fait proclamer roi de Prusse sous le nom de **Frédéric I**, et est reconnu en cette qualité par les principales puissances.

Philippe V, duc d'Anjou, entre en possession de l'Espagne et de ses dépendances; mais l'Autriche et ses alliés lui suscitent pour concurrent l'archiduc Charles.

Commencement de la guerre de la succession d'Espagne. Léopold I, empereur d'Allemagne, conclut à La Haye une nouvelle grande ligue contre Louis XIV.

Acte du parlement britannique qui assure à la maison de Hanovre la succession au trône de la Grande-Bretagne.

1703. Pierre-le-Grand jette les fondements de Saint - Pétersbourg.

Victoires des Français en Allemagne.

1704. Stanislas Leckzinski est élu roi de Pologne; mais Auguste II conserva sa couronne par la protection de la Russie.

Prise de Gibraltar par les Anglais.

Le prince Eugène et Malborough battent les Français et les Bavarois près de Blindheim (Hœchstædt).

1706. Victoires de Malborough à Ramillies et du prince Eugène à Turin.

1707. Les principautés de Neuchatel et de Valengin sont dévolues au roi de Prusse.

1708. Introduction du roi de Bohême et de l'électeur de Hanovre dans le collége électoral.

1709. Charles XII, roi de Suède. assiége Pultava où il est défait complétement par Pierre-le-Grand. Il s'enfuit à Bender.

Malborough gagne sur les Français la sanglante bataille de Malplaquet.

1710. Vendôme gagne la bataille de Villa-Viciosa, qui assure la couronne d'Espagne à Philippe V.

1711. Pierre-le-Grand déclare Catherine son épouse.

1713. Paix d'Utrecht. Le roi d'Espagne Philippe V abandonne Naples et la Sicile.

1714. Paix de Baden entre la France et l'Empire.

1715. Conquête de la Morée par les Turcs.

1716. Charles VI s'allie aux Vénitiens contre les Turcs. Le prince Eugène défait le grand-visir à Peterwaradein.

1717. Le cardinal Alberoni projette un vaste plan pour recouvrer les parties détachées de la monarchie espagnole.

Triple alliance entre la France, l'Angleterre et la Hollande, contre ces prétentions.

Victoire du prince Eugène sur les Turcs, à Belgrade.

1718. Paix de Passarowitz entre la Turquie, l'Empereur et les Vénitiens.

Pierre condamne à mort son fils aîné, Alexis, ennemi déclaré de toute réforme.

Quadruple alliance de Londres contre les projets de l'Espagne.

Charles XII, roi de Suède, est tué au siége de Fridérickshall.

1719. Révolution en Suède. Ulrique Eléonore est élue pour remplacer son frère Charles XII.

1720. Le duc de Savoie, Victor Amédée II, est mis en possession du royaume de Sardaigne.

Paix de Constantinople entre la Turquie et la Russie.

1721. Traités de paix et d'alliance entre la France, la Grande-Bretagne et l'Espagne.

Paix de Nystad entre la Suède et la Russie.

Pierre-le-Grand prend le titre d'empereur de toutes les Russies.

1724. Philippe V, roi d'Espagne, abdique en faveur de son fils Louis, qui meurt bientôt ; il remonte alors sur le trône.

1726. Catherine I, impératrice de Russie, fait alliance avec l'Autriche contre la France et la Grande-Bretagne.

1728. Découverte de riches mines de diamants au Brésil.

1729. Les Corses se révoltent contre le joug oppressif des Génois.

1732. Paix de Recht entre la Russie et la Perse ; le Kour devient la frontière méridionale de la Russie.

1733. La France, après la mort d'Auguste II, fait élire de nouveau au trône de Pologne Stanislas Leckzinski qui en est bientôt chassé.

La France déclare la guerre à l'Empereur.

1736. Kouli-Khan monte sur le trône de Perse, sous le nom de

Années
après J. C.

Chah-Nadir; il se signale par de grandes conquêtes; mais à sa mort son empire est divisé.

Le duc de Lorraine François-Etienne épouse Marie-Thérèse, fille de l'empereur, et entre l'année suivante en possession de la Toscane.

1738. Paix de Vienne entre la France et l'Empire. Le roi Stanislas Leckzinski obtient, en échange de la Pologne, la Lorraine et le Barrois, qui doivent, après sa mort, être réunis à la France.

Don Carlos obtient le royaume des Deux-Siciles.

1739. Kouli-Khan ébranle, par une expédition rapide, l'empire du Grand-Mogol dans l'Hindoustan.

Tentative inutile du pape Clément XII pour s'emparer de la république de Saint-Marin qui reste indépendante.

Paix de Belgrade entre la Russie et la Turquie.

1740. Avénement de Marie-Thérèse au trône d'Autriche; elle déclare son époux, François-Etienne, co-régent.

1741. Guerre de la succession d'Autriche. La France, l'Espagne et Naples concluent contre Marie-Thérèse un traité avec Charles Albert, électeur de Bavière.

Elisabeth Petrovna, fille cadette de Pierre-le-Grand, se forme un parti à l'aide de son médecin L'Estocq et de l'ambassadeur de France, et s'empare du trône de Russie.

1742. Charles-Albert, électeur de Bavière, se fait couronner roi de Bohème à Prague; il est élu empereur sous le nom de Charles VII.

1743. Paix d'Abo entre la Russie et la Suède qui cède au tzar une partie de la Finlande.

1744. La France déclare la guerre au roi de la Grande-Bretagne.

1745. François I, grand-duc de Toscane, est élu empereur. Avénement de la maison de Lorraine d'Autriche au trône impérial.

Le maréchal de Saxe défait les alliés à Fontenoi.

1746. Ferdinand VI monte sur le trône d'Espagne; il introduit de grandes améliorations dans ce royaume.

Gênes, prise par les Impériaux, recouvre bientôt son indépendance.

1747. Guillaume IV est proclamé stathouder héréditaire de toutes les Provinces-Unies.

1748. Paix d'Aix-la-Chapelle.

L'infant d'Espagne don Philippe obtient à la paix d'Aix-la-Chapelle les deux duchés de Parme et de Plaisance avec Guastalla.

Le roi de Portugal reçoit du pape le titre de *roi très fidèle*.

1755. Les Corses nomment Pascal Paoli chef de leur nation.

Le ministre Pombal entreprend de grandes réformes, dans le but d'accroître la puissance du Portugal.

Lisbonne est presque entièrement détruite par un tremblement de terre.

1757. Alliance de l'Autriche et des autres États de l'empire d'Allemagne, de la France, de la Russie et la Suède contre le roi de Prusse, Frédéric-le-Grand.

Frédéric gagne les batailles de Prague et de Rosbach.

1758. Frédéric gagne la bataille de Zorndorf.

1761. *Pacte de famille* entre les diverses branches de la maison de Bourbon.

1762. Frédéric II, après une guerre malheureuse contre les Autrichiens et les Russes, est presque anéanti. La mort de son principal adversaire, l'impératrice Elisabeth, le sauve; Pierre III conclut la paix et une alliance avec lui.

1763. Paix de Hubertsbourg; la Prusse conserve ce qu'elle possédait avant la guerre.

Frédéric II se distingue peut-être plus dans la paix qu'il ne s'est distingué dans la guerre, et mérite ainsi à juste titre d'être surnommé le Grand.

Les Français, après avoir disputé pendant dix-huit ans aux Anglais la prépondérance dans l'Hindoustan, perdent toutes les conquêtes qu'ils y avaient faites, et ne conservent, à la paix de Paris, que Pondicheri, Mahé, Chandernagor et quelques petits comptoirs au Bengale.

1764. Poniatowski est élevé au trône de Pologne par l'intervention de la Russie et de la Prusse.

1768. La France achète des Génois la Corse dont elle prend possession par les armes l'année suivante.

Guerre entre la Russie et la Porte, à propos des troubles survénus en Pologne.

1769. La France cède la Louisiane à l'Espagne.

1770. Struensée, médecin du roi de Suède Gustave III, obtient la confiance de ce monarque, mais il en abuse bientôt.

1772. Chute et condamnation à mort du ministre Struensée.

Gustave III établit, du consentement de tous les ordres du royaume, une nouvelle forme de gouvernement.

Premier partage de la Pologne, par un traité conclu à Varsovie, entre la Pologne, la Russie, la Prusse et l'Autriche

1774. Romanzof cerne le grand - visir près de Choumla, et force ainsi les Turcs à demander la paix à la Russie dont cette guerre augmente encore la puissance.

1775. Commencement de la guerre des colonies anglaises de l'Amérique du Nord contre la métropole.

1776. Les Etats-Unis de l'Amérique du Nord proclament leur indépendance.

Franklin à Paris.

Invention des bateaux à vapeur par le marquis de Jouffroy.

1777. Le marquis de Pombal est congédié par la reine Marie.

1778. La France conclut une alliance avec les Etats-Unis; la guerre se propage dans toutes les parties du monde.

1781. Joseph II cherche à relever la monarchie autrichienne par de grandes réformes.

1783. Paix de Paris et de Versailles; l'indépendance des XIII Etats d'Amérique est reconnue par l'Angleterre.

Affreux tremblement de terre dans la Calabre et à Messine.

La Crimée est cédée à la Russie par son dernier khan.

Héraclius, tzar de Géorgie, reconnaît aussi la suprématie de la Russie.

1787. Voyage de Catherine II à Kerson et dans la Crimée.

L'inoculation de la vaccine découverte par Jenner.

1789. Commencement de la révolution française.

1791. Convention de Pilnitz signée entre les puissances étrangères contre la France.

Le comte d'Artois, les princes de Condé et de Rohan
réunissent autour d'eux les émigrés français, et lèvent
des troupes à Coblentz, à Worms, etc.

Massacre des Blancs à Saint-Domingue; bientôt après
cette île se déclare indépendante et repousse toutes les
attaques des Français.

1792. Les Français s'emparent de la Belgique.

Paix de Jassy, qui termine une guerre de cinq ans entre la
Russie et la Porte. La Russie conserve la Tauride et
les contrées situées entre le Boug et le Dniestr. Dans
les contrées désertes cédées à la Russie, on voit bientôt s'élever *Odessa* et plusieurs autres villes.

1793. Second partage de la Pologne.

Première coalition des puissances européennes contre la
république française.

1794. Don Manuel Godoy devient ministre dirigeant en Espagne et reçoit le titre de prince *de la Paix*.

1795. Troisième et dernier partage de la Pologne.

La Courlande se soumet à la domination de la Russie.

Abolition du stathoudérat en Hollande. Les Provinces-
Unies font avec la France une alliance offensive et défensive.

1796. Grandes victoires remportées en Italie par Bonaparte.

Paix de Paris avec la Sardaigne; la Savoie et Nice sont
cédées à la France.

1797. Nouvelles victoires des Français en Italie et en Allemagne.

Proclamation de la *république Ligurienne* à Gênes et de
la *république Cisalpine* à Milan.

Paix de Campo Formio entre la république française et
l'empereur d'Allemagne.

1798. Berthier fait son entrée à Rome, et proclame la *république Romaine*.

Pie VI est conduit en France.

L'ancienne ligue suisse est abolie et remplacée par la *république Helvétique une et indivisible*.

Réunion de Genève à la république française.

Adoption d'une nouvelle constitution par les Provinces-Unies qui deviennent la *république Batave* une et indivisible.

Départ de l'expédition d'Égypte sous les ordres de Bonaparte.

Prise de Malte par l'armée navale française.

Conquête de l'Égypte sur les Mamelouks par les Français.

La république française déclare la guerre aux rois de Naples et de Sardaigne. Ce dernier abandonne ses États du continent pour se retirer dans l'île de Sardaigne.

1799. Les Français s'emparent de Naples que son souverain abandonne pour se retirer en Sicile. Proclamation de la *république Parthénopéenne.*

Expédition de Bonaparte en Syrie.

Seconde coalition contre la France ; après plusieurs victoires remportées par Masséna et Moreau, les Français sont repoussés au-delà du Rhin par l'archiduc Charles, et l'Italie reconquise par les confédérés.

La défaite et la mort de Tippou Saïb assurent aux Anglais la domination de l'Hindoustan.

Bonaparte quitte l'Égypte pour revenir en France, où il est nommé premier consul.

1800. Formation de la *république des Sept-Iles* (îles Ioniennes).

Victoires de Moreau en Allemagne.

Seconde campagne de Bonaparte en Italie.

Bonaparte rétablit la république Cisalpine.

Malte se rend aux Anglais.

La Toscane tombe au pouvoir des Français.

XIXᵉ SIÈCLE.

1801. Paix de Lunéville entre la France et l'empereur François.

L'empereur Alexandre réunit la Géorgie à la Russie.

Le duché de Parme est cédé à la république française, et

la Toscane assurée au prince de Parme avec le titre de roi d'Étrurie.

Évacuation de l'Égypte par les Français.

Paix de Paris entre la France et la Russie et entre la France et la Turquie.

1802. La république Cisalpine est transformée en *république Italienne*, sous la présidence de Bonaparte.

Paix d'Amiens entre la Grande-Bretagne et la France; réunion de l'île d'Elbe et du Piémont à la France.

1803. Nouvelle organisation de la *Confédération suisse*, sous la médiation de Bonaparte.

La France cède la Louisiane aux États-Unis pour soixante millions de francs.

Les Anglais évacuent l'Egypte.

La guerre recommence entre la France et l'Angleterre.

1804. Napoléon I est proclamé empereur des Français.

L'empereur d'Allemagne François II se déclare empereur héréditaire d'Autriche.

1805. Troisième coalition contre la France.

Napoléon se fait couronner à Milan roi d'Italie et nomme son beau-fils Eugène Beauharnais vice-roi de ce pays.

Lucques et Piombino sont érigés en principauté par Napoléon en faveur de sa sœur Elisa et du mari de cette princesse.

Le territoire de la république ligurienne (Gênes) est réuni à l'empire français.

Première campagne de Napoléon en Allemagne.

Défaite des flottes française et espagnole à Trafalgar.

Prise de Vienne par les Français.

Napoléon gagne sur les empereurs d'Autriche et de Russie la grande bataille d'Austerlitz (2 décembre).

Paix de Presbourg entre la France et l'Autriche (26 décembre).

1806. Les électeurs de Bavière et de Wurtemberg prennent le titre de roi.

Les Français occupent le royaume de Naples dont Joseph Bonaparte, frère de l'empereur, est proclamé roi. Ferdinand IV se retire en Sicile.

Joachim Murat, beau-frère de l'empereur des Français, est proclamé grand-duc de Berg.

Le roi de Prusse prend possession du Hanovre, d'accord avec l'empereur des Français. Réclamations du roi d'Angleterre.

Réunion des États vénitiens au royaume d'Italie.

Louis Bonaparte, frère de l'empereur des Français, est proclamé roi de Hollande.

Napoléon organise la *Confédération du Rhin*, dont il se déclare le protecteur.

L'empereur François II abdique la dignité d'empereur d'Allemagne. Dissolution du corps germanique.

Commencement des hostilités entre la France et la Prusse (9 octobre).

Napoléon gagne sur les Prussiens les batailles d'Iéna et d'Auerstædt. Déroute complète de l'armée prussienne (14 octobre).

Berlin tombe au pouvoir des Français (27 octobre).

Le duché de Brunswick et les villes de Hambourg, Brême et Lubeck sont occupés par les troupes françaises.

Napoléon déclare toutes les îles Britanniques en état de blocus (système continental), 21 novembre.

Entrée des Français à Varsovie (28 novembre).

L'électeur de Saxe entre dans la Confédération du Rhin avec le titre de roi (11 décembre).

La Porte déclare la guerre à la Russie.

1807. Abolition de la traite des nègres par le parlement britannique.

Napoléon gagne sur les Russes et les Prussiens la sanglante bataille d'Eylau.

Une escadre anglaise force les Dardanelles, mais est bientôt contrainte à se retirer.

Révolution à Constantinople. Sélim III, déposé et étranglé par les janissaires, est remplacé par Mustapha IV.

Bataille décisive de Friedland, gagnée sur les Russes et les Prussiens par les Français qui, deux jours après, entrent dans Kœnigsberg (16 juin).

Paix de Tilsitt entre la France et la Russie et entre la

France et le roi de Prusse, qui ne recouvre que la moitié de ses États.

Constitution du grand-duché de Varsovie, qui est donné par Napoléon au roi de Saxe.

Réunion de Raguse et de la république des Sept-Iles à l'Empire français.

Copenhague est bombardée par les Anglais qui s'emparent de la flotte danoise.

Le Portugal est occupé par une armée française sous les ordres de Junot, et la famille royale portugaise forcée de s'embarquer pour le Brésil.

Jérôme Bonaparte, le plus jeune des frères de l'empereur des Français, est proclamé roi de Westphalie.

Napoléon prend possession du royaume d'Étrurie.

1808. La ville de Rome est occupée par les Français.

La Russie déclare la guerre à la Suède et s'empare de la Finlande suédoise.

Insurrection à Madrid contre le prince de la Paix, devenu généralement odieux à la nation. Abdication du roi Charles IV en faveur de son fils Ferdinand VII.

Entrée d'une armée française à Madrid.

Napoléon enlève au pape les Légations et les réunit au royaume d'Italie.

Napoléon attire à Bayonne le roi d'Espagne Ferdinand VII et le vieux roi Charles IV, et les force à déclarer leur renonciation à la couronne d'Espagne. Insurrection générale en Espagne et en Portugal contre les Français.

Napoléon proclame son frère Joseph roi des Espagnes et des Indes. Commencement d'une guerre acharnée et extrêmement meurtrière contre les Français sans cesse harcelés par les guérillas (bandes armées qui se forment de toutes parts), et rendent inutiles les nombreuses victoires remportées par les armées françaises.

Le grand-duc de Berg, Joachim Murat, est déclaré par Napoléon roi des Deux-Siciles, en remplacement de Joseph appelé au trône d'Espagne.

Nouvelle révolution à Constantinople. Avénement de Mahmoud II, frère de Mustapha IV.

Une armée anglaise, sous les ordres d'Arthur Wellesley (Wellington), débarque en Portugal et oblige bientôt les Français à évacuer ce royaume.

Le roi d'Espagne, Joseph Napoléon, est forcé de quitter Madrid où le roi Ferdinand VII est de nouveau proclamé par les Espagnols; mais les victoires des Français y ramènent bientôt le roi Joseph.

1809. Les Anglais s'emparent de la Guiane française.

Saragosse tombe, après une défense héroïque, au pouvoir des Français (21 février).

Le grand-duché de Toscane est donné par Napoléon à sa sœur Élisa, princesse de Lucques et de Piombino.

Révolution en Suède. Le roi Gustave-Adolphe est arrêté, et l'administration du royaume confiée provisoirement à son oncle, le duc de Sudermanie.

Nouvelle guerre de l'Autriche contre l'empereur des Français et ses alliés de la Confédération du Rhin; mais les victoires de Napoléon, l'occupation de Vienne par les Français (13 mai), et la victoire décisive de Wagram (7 juillet) forcent l'empereur François à demander la paix, qui est signée à Vienne (14 octobre).

Les provinces Illyriennes sont cédées à la France.

Gustave-Adolphe, déclaré définitivement par la diète suédoise déchu du trône, ainsi que sa postérité, est remplacé par le duc [de Sudermanie, élu roi sous le nom de Charles XIII.

Les États de l'Église sont réunis à l'empire français par un décret de Napoléon (10 juin), et le pape enlevé de Rome et conduit à Savone (9 août), et de là en France.

1810. Les Anglais s'emparent de la Guadeloupe.

Les provinces espagnoles de l'Amérique se proclament successivement indépendantes de la mère-patrie.

Tous les pays situés sur la rive gauche du Rhin sont déclarés réunis à la France.

Le roi de Hollande, Louis Bonaparte, abdique en faveur

Années
après J.-C.

de son fils; mais Napoléon réunit la Hollande à l'empire français.

Les Anglais s'emparent de l'île de Bourbon.

Le maréchal de France Bernadotte, prince de Ponte-Corvo, élu par la diète suédoise comme prince héréditaire, est adopté par le roi de Suède, sous le nom de Charles-Jean.

L'Ile-de-France tombe au pouvoir des Anglais.

Réunion à l'empire français des villes hanséatiques et du Valais.

1811. Le pacha d'Egypte attire au Caire tous les beys des mamelouks et les y fait assassiner.

Henri - Christophe reconnu pour roi à Saint-Domingue par les nègres, organise son état à l'européenne : noblesse héréditaire, évêchés, écoles, établissements scientifiques, etc.

1812. Les *Cortès*, élus même dans les provinces de l'Espagne occupées par les Français, s'assemblent à Cadix et y rédigent une nouvelle constitution pour la monarchie espagnole.

Wellington chasse définitivement de Madrid le roi Joseph.

Napoléon déclare la guerre à la Russie.

Campagne, incendie et funeste retraite de Moscou.

1813. La Prusse, et bientôt après l'Autriche et la plus grande partie de l'Allemagne, se joignent à la Russie contre Napoléon.

La dissolution de la Confédération du Rhin est proclamée.

Campagne de Napoléon en Allemagne; vainqueur à Lutzen et à Bautzen, il est battu à Leipzig et bientôt il est forcé de se retirer derrière le Rhin.

Joachim Murat, roi de Naples, abandonne Napoléon après la bataille de Leipzig et ouvre des négociations avec l'Autriche.

Napoléon conclut un traité avec Ferdinand VII, roi d'Espagne et le met en liberté.

Un gouvernement provisoire, établi à Amsterdam, rappelle d'Angleterre Guillaume-Frédéric d'Orange et le proclame souverain des Pays-Bas.

1814. Campagne de France; les armées alliées, plusieurs fois vaincues par Napoléon, triomphent par le nombre, et, après une bataille gagnée sous les murs de Paris, s'emparent de cette capitale. Abdication de Napoléon.

Paix de Paris entre les quatre grandes puissances et la France.

Ouverture du congrès de Vienne; le Hanovre est érigé en royaume. La Belgique est réunie aux Pays-Bas.

1815. Napoléon s'échappe de l'île d'Elbe et rentre à Paris. Nouvelle coalition des puissances étrangères contre la France.

Napoléon est complétement défait à Waterloo par Wellington; il est forcé d'abdiquer et est embarqué pour Sainte-Hélène. Paris capitule.

Deuxième paix de Paris. Les alliés enlèvent de cette ville les objets d'arts pris chez eux par les Français.

Le prince régent déclare, du Brésil, où il se trouve, la réunion du Portugal, du Brésil et des Algarves en un seul royaume.

Le roi de Naples Murat, qui s'était rallié à Napoléon pendant les Cent-Jours, et s'était vu forcé de quitter ses États, tente d'y rentrer les armes à la main; mais il est arrêté, condamné à mort par un conseil de guerre et fusillé.

Alexandre, empereur de Russie, prend le titre de roi de Pologne, et donne une constitution à ce royaume; il forme à Paris avec l'Autriche et la Prusse une *sainte alliance*.

1820. Troubles à Naples; les carbonari demandent une constitution.

Les troupes espagnoles, réunies à l'île de Léon, sous les ordres de Quiroga et de Riégo, réclament le rétablissement de la constitution de 1812; le roi d'Espagne est forcé de céder.

Les autorités civiles d'Oporto réclament la convocation des *Cortez;* le Portugal est proclamé monarchie constitutionnelle sous la maison de Bragance.

Congrès de Troppau ; l'Autriche, la Prusse et la Russie
y prennent la résolution de réprimer les révolutions en
Portugal, en Espagne et à Naples.

1821. Les principales colonies espagnoles de l'Amérique du
Sud, qui, sous la conduite de *Bolivar,* s'étaient déjà
séparées de la métropole, s'érigent en républiques.

Commencement de l'insurrection des Grecs contre les
Turcs.

1822. Séparation du Portugal et du Brésil.

Don Pedro est proclamé empereur héréditaire du Brésil.

La France, l'Autriche, la Prusse, l'Angleterre et la Russie décrètent l'abolition de la traite des nègres.

1823. La France intervient dans les troubles d'Espagne et envoie dans ce pays une armée sous le commandement
du duc d'Angoulême.

1825. Mort d'Alexandre, empereur de Russie ; Nicolas I, son
frère puîné, lui succède par suite de la renonciation de
son frère aîné le grand-duc Constantin.

1826. Mort de Jean VI, roi de Portugal ; son fils don Pedro,
empereur du Brésil, renonce à la couronne de Portugal en faveur de sa fille dona Maria.

1827. Traité de Londres entre la France, l'Angleterre et la
Russie pour la pacification de la Grèce.

Bataille de Navarin.

1828. Capo d'Istria prend les rênes du gouvernement de la
Grèce.

La Russie déclare la guerre à la Porte.

Don Miguel, régent du Portugal, usurpe la couronne.

1829. Ferdinand VII, roi d'Espagne, épouse Marie-Christine
de Sicile.

Paix d'Andrinople, qui termine la guerre entre la Porte
et la Russie.

1830. Ferdinand VII, roi d'Espagne, abolit la loi salique, et
désigne pour lui succéder sa fille Isabelle ; don Carlos,
frère du roi, proteste.

Révolution de juillet en France.

Révolution de la Belgique qui se sépare de la Hollande.

La Pologne s'insurge contre la Russie.

1831. Le prince de Saxe Cobourg est élu roi des Belges, sous le nom de **Léopold I**.

Guerre entre la Hollande et la Belgique.

Don Pedro abdique l'empire du Brésil en faveur de son fils don Pedro II.

Prise de Varsovie ; la Pologne succombe dans la lutte glorieuse entreprise pour son indépendance.

Capo d'Istria est assassiné.

1832. Des mouvements révolutionnaires survenus dans les Etats de l'Eglise déterminent le gouvernement autrichien à faire occuper les Légations par un corps d'armée. Le gouvernement français envoie une escadre se saisir du port et de la citadelle d'Ancône.

Le prince Othon de Bavière est nommé roi héréditaire de la Grèce par la France, l'Angleterre et la Russie.

Prise de la citadelle d'Anvers sur les Hollandais par une armée française commandée par le maréchal Gérard.

1833. Traité d'Unkiar Skélessi, par lequel la Turquie se met sous la protection et en réalité se livre à la merci de la Russie.

Mort de Ferdinand VII, roi d'Espagne ; sa fille, Isabelle II, lui succède sous la régence de sa mère Christine.

Commencement de la guerre entre les Carlistes et les Christinos.

Don Pedro rétablit dona Maria sur le trône de Portugal. Don Miguel se réfugie en Italie.

1834. Traité de la *quadruple alliance* signée entre la France, l'Angleterre, l'Espagne et le Portugal à l'effet de rétablir la paix dans la Péninsule désolée par les guerres civiles que se font en Espagne les Christinos et les Carlistes, et en Portugal les Pédristes et les Miguélistes.

Don Pedro, quelques jours avant sa mort, fait proclamer majeure sa fille dona Maria, reine de Portugal, et lui remet en main les rênes de l'Etat.

1835. Ferdinand succède comme empereur d'Autriche à son père François II.

Années
après J.-C.

1836. Occupation militaire de la ville libre de Cracovie par les
troupes de l'Autriche, de la Russie et de la France.

Nouvelle révolution en Espagne par suite de l'insurrection militaire de la Granja, et en Portugal où la charte
de don Pedro est remplacée par la constitution de 1822.

1837. Mort du roi d'Angleterre Guillaume IV. Séparation des
couronnes d'Angleterre et de Hanovre.

Victoria est reconnue, sans opposition, souveraine de
tout l'empire Britannique.

Ernest-Auguste, proclamé roi de Hanovre, refuse de re-
connaitre la nouvelle constitution de ce pays ; contestations à ce sujet.

1838. La Russie fait de vains efforts pour soumettre les popu-
tions révoltées du Caucase.

Discussions entre la France et la Suisse à propos du séjour du prince Louis Napoléon dans le canton de Thurgovie.

Evacuation des Etats de l'Eglise par les troupes autri-
chiennes qui en occupaient plusieurs provinces, et
par la garnison française stationnée à Ancône.

Contestations entre la France et le Mexique. Prise du fort
de Saint-Jean-d'Uloa par une escadre française.

1839. Traité de paix entre la France et la république du Mexique.

Traité qui met fin aux contestations soulevées par la séparation de la Belgique et des Pays-Bas, et qui fixe
définitivement les limites de ces deux Etats.

Ibrahim-Pacha, fils du vice-roi d'Egypte, gagne sur les
troupes turques (14 juin) la victoire de Nézib, suivie
bientôt de la mort du sultan Mahmoud, remplacé par
son fils Abdul-Medjid. Défection de la flotte turque.
Intervention des puissances européennes dans les affaires d'Orient.

Mouvements révolutionnaires dans plusieurs des cantons
Suisses.

Don Carlos quitte l'Espagne, où son parti se trouve
presque entièrement ruiné.

1840. Mort du roi de Prusse, Frédéric-Guillaume III ; il a pour
successeur son fils, Frédéric-Guillaume IV.

Traité du 15 juillet entre l'Angleterre, l'Autriche, la Prusse, la Russie et la Turquie pour la pacification de l'Orient. La France refuse de s'associer aux mesures arrêtées par ce traité contre le vice-roi d'Egypte, qui se voit dépouillé de ses conquêtes en Syrie.

Révolution à Madrid. La reine, Marie-Christine, abdique la régence et quitte le territoire espagnol.

Abdication volontaire du roi des Pays-Bas, Guillaume I; son fils, Guillaume II, lui succède.

1841. Le général Espartero est nommé régent en Espagne pendant la minorité de la reine Isabelle II. Fin de la guerre civile dans ce pays.

1842. Nouvelle révolution en Portugal. La charte de don Pedro est une seconde fois substituée à la constitution de 1822.

LIVRE VIII.

HISTOIRE DE FRANCE.

(Extrait de l'*Art de vérifier les dates* et des ouvrages de M. ANSART sur l'*Histoire de France.*)

Ve SIÈCLE.

1re *Race (Mérovingiens).*

Ans
de J. C.

418. Commencement du royaume des Francs. On suppose que c'est vers cette époque que diverses tribus franques, établies déjà depuis près d'un siècle sur les rives de la Meuse, se réunirent sous le commandement suprême d'un chef qu'un historien appelle Pharamond et d'autres Théodemer.

427. Clodion.

432. Clodion essaie de pénétrer dans l'intérieur de la Gaule ; mais il est repoussé par Aëtius, gouverneur romain de ce pays.

445. Clodion se rend maitre de Tournai, de Cambrai et peut-être d'Amiens, dont il voulait faire sa capitale ; mais l'année suivante il est repoussé par les Romains qui lui enlèvent une grande partie de ses conquêtes.

448. Mérovée, parent de Clodion, lui succède et donne son nom à la race mérovingienne.

451. Attila est défait dans les plaines de Châlons-sur-Marne.

458. Childéric succède à son père.

459. Childéric est détrôné.

464. Childéric remonte sur le trône.

481. Avénement de Clovis I, le véritable fondateur de la monarchie française.

486. Clovis défait Syagrius à Soissons.

491. Il épouse Clotilde.

496. Il bat les Allemands à Tolbiac et se convertit.

497. Soumission des Armoriques.

500. Guerre de Clovis contre les Bourguignons.

VIe SIÈCLE.

507. Bataille dé Vouillé; Alaric y est tué.
508. Paris devient la capitale de la France.
Théodoric bat les troupes de Clovis devant Arles.
L'empereur Anastase envoie à Clovis les ornements impériaux.
509. Clovis fait assassiner plusieurs petits rois, ses parents et ses voisins.
511. Mort de Clovis; partage de la monarchie entre ses quatre fils :
Childebert I, roi de Paris ;
Thierri I, roi de Metz ;
Clodomir, roi d'Orléans ;
Clotaire I, roi de Soissons.
523. Les fils de Clovis font la guerre à Sigismond, roi de Bourgogne.
531. Guerre de Childebert contre Amalaric, roi des Visigoths.
533. Deux des fils de Clodomir sont assassinés par leurs oncles.
534. Mort de Thierri, roi d'Austrasie; son fils Théodebert I lui succède.
Fin du royaume de Bourgogne.
542. Childebert et Clotaire ravagent l'Espagne.
548. Mort de Théodebert I; son fils Théodebald lui succède.
555. Mort de Théodebald. Childebert et Clotaire se partagent ses états.
558. Premier exemple de l'application de la loi salique ; Childebert n'ayant laissé que des filles, son royaume passe à Clotaire I, son frère, qui réunit ainsi sous ses lois tout l'empire des Francs.
560. Révolte de Chramne.
561. Mort de Clotaire I ; second partage de l'empire des Francs entre ses quatre fils :
Caribert, roi de Paris ;
Sigebert I, roi de Metz ;
Chilpéric, roi de Soissons ;
Gontrand, roi d'Orléans.
566. Sigebert épouse Brunehaut, fille cadette du roi des Visigoths.

567. Mort de Caribert. Ses trois frères se partagent ses états,
à l'exception de la ville de Paris qui reste indivise entre eux, quoique renfermée dans les états de Chilpéric I, qui, pour cette raison, en est regardé comme roi
depuis cette époque.

Chilpéric épouse Galsuinthe, fille aînée du roi des Visigoths.

568. Frédégonde épouse Chilpéric après avoir fait assassiner
Galsuinthe, sœur de Brunehaut. Origine de la sanglante rivalité de ces deux femmes.

575. Mort de Sigebert; Childebert, son fils, lui succède.

584. Mort de Chilpéric; son fils Clotaire II lui succède.

585. Prétextat est assassiné par ordre de Frédégonde.

587. Traité d'Andelot.

Hérédité des bénéfices en Austrasie.

593. Mort de Gontran, roi d'Orléans et de Bourgogne.

Childebert hérite de ses états.

596. Mort de Childebert II; ses fils, Théodebert II et Thierri II,
lui succèdent, le premier en Austrasie et le second
dans le royaume d'Orléans et Bourgogne.

597. Mort de Frédégonde.

VIIe SIÈCLE.

612. Mort de Théodebert. Son frère Thierri hérite de ses états.

613. Mort de Thierri II. Clotaire II réunit sous son sceptre
toute la monarchie.

Brunehaut est livrée à Clotaire, qui la fait périr.

614. Constitution perpétuelle de Paris. Hérédité des bénéfices
dans la Neustrie.

616. Edit de Bonneuil. Hérédité des bénéfices dans la Bourgogne.

622. Clotaire II place son fils Dagobert sur le trône d'Austrasie.

627. Guerre contre les Saxons.

628. Dagobert I succède à son père Clotaire II.

Pépin l'ancien, maire du palais d'Austrasie.

630. Caribert II, frère de Dagobert, prend le titre de roi en
Aquitaine et meurt l'année suivante laissant deux fils

dont l'aîné prit le titre de roi et mourut empoisonné ; le second, nommé Boggis, fut la tige des ducs d'Aquitaine.

633. Mort de Dagobert ; troisième partage de l'empire franc entre ses deux fils :

Sigebert II, roi d'Austrasie ;

Clovis II, roi de Neustrie et de Bourgogne.

Ces princes, âgés l'un de huit ans l'autre de cinq, commencent la liste des *Rois Fainéants.* De leur minorité date l'accroissement de l'autorité des *Maires du Palais.*

656. Mort de Sigebert, roi d'Austrasie. Disparution de son fils Dagobert II.

Clovis II réunit pendant quelques mois toute la monarchie, dont son fils aîné, Clotaire III, hérite à sa mort.

660. Childéric II, second fils de Clotaire II, est proclamé roi d'Austrasie.

670. Mort de Clotaire III. Son frère Thierri III, le plus jeune des fils de Clovis II, le remplace sur le trône de Neustrie et Bourgogne.

671. Déposition de Thierri III. Childéric II seul roi de toute la monarchie.

673. Thierri III est rétabli sur le trône de Neustrie et Bourgogne, à la place de Childéric II, assassiné par Bodillon.

Dagobert II, fils de Sigebert II, est placé sur le trône d'Austrasie par les grands de ce royaume.

679. Mort de Dagobert II. L'Austrasie reste sans roi sous le gouvernement de Pépin d'Héristall et Martin, qui sont proclamés ducs des Francs.

680. Ebroïn, maire du palais de Neustrie, gagne sur eux la bataille de Locofao, mais il est assassiné l'année suivante.

687. Bataille de Testri gagnée sur Thierri III, roi de Neustrie, par Pépin d'Héristall, qui gouverne dès lors en maître la France tout entière.

691. Clovis III, fils de Thierri III, lui succède sur le trône de Neustrie.

695. Childebert III succède à son frère Clovis III.

VIIIe SIÈCLE.

711. Mort de Childebert III ; son fils Dagobert III lui succède sur le trône de Neustrie.

714. Mort de Pépin d'Héristall ; son fils, Charles Martel, prend sa place.

715. Mort de Dagobert III. Le maire de Neustrie, Rainfroi, fait proclamer roi à sa place, sous le nom de Chilpéric II, Daniel, fils de Childéric II.

717. Clotaire IV est proclamé roi d'Austrasie par Charles Martel.

Bataille de Vinci gagnée par Charles Martel sur Chilpéric II, qui est obligé de s'enfuir en Aquitaine. Clotaire IV est proclamé roi de toute la monarchie.

719. Mort de Clotaire IV. Il est remplacé par Chilpéric II, rappelé de son exil par Charles Martel.

720. Mort de Chilpéric II, remplacé à son tour par Thierri IV, ou de Chelles, fils de Dagobert III.

732. Charles Martel défait les Sarrazins près de Tours.

737. Mort de Thierri IV.

Interrègne. Charles Martel continue à gouverner sous le titre de duc des Francs.

741. Mort de Charles Martel.

Ses fils succèdent sans obstacle à sa puissance, savoir : Carloman en Austrasie et Pépin en Neustrie.

742. Pépin fait proclamer Childéric III roi de Neustrie. Naissance de Charlemagne.

747. Carloman se retire dans un couvent. Pépin reste seul maître de l'empire des Francs.

752. Childéric III est relégué par Pépin dans un monastère.

2e *Race* (*Carlovingiens*).

752. Pépin-le-Bref est proclamé roi de France et se fait sacrer par l'archevêque de Mayence.

754. Pépin marche en Italie au secours du pape menacé par Astolphe, roi des Lombards, défait ce prince, le force à céder au Saint-Siége l'exarchat de Ravenne avec la Pentapole et fonde ainsi la puissance temporelle des papes.

755. Pépin transfère au mois de mai les assemblées générales de la nation connues jusque-là sous le nom de *Champs-de-Mars*, et appelées *Champs-de-Mai* depuis cette époque.

756. Seconde expédition de Pépin contre les Lombards.

759. Pépin enlève la Septimanie aux Sarrazins.

760. Commencement de la guerre d'Aquitaine, qui dure plus de huit ans.

768. Mort de Pépin-le-Bref. Charles (connu depuis sous le nom de Charlemagne) et Carloman se partagent les états de leur père.

769. Charlemagne épouse la fille de Didier, roi des Lombards.

771. Mort de Carloman ; ses enfants sont exclus du trône par Charlemagne, qui reste ainsi seul maître de toute la monarchie.

772. Commencement de la guerre contre les Saxons qui dure presque sans interruption pendant trente-trois ans.

773. Guerre contre Didier, roi des Lombards.

774 Prise de Pavie, capitale des Lombards, par Charlemagne, qui met fin à ce royaume.

778. Charlemagne entreprend une expédition en Espagne contre les Sarrazins.

Déroute de Roncevaux.

Rétablissement du royaume d'Aquitaine par Charlemagne en faveur de son fils Louis, et création du comté de Toulouse et du duché d'Aquitaine.

781. Charlemagne passe en Italie et fait couronner par le pape ses deux fils, savoir : Louis comme roi d'Aquitaine et Pépin comme roi d'Italie.

785. Witikind, le plus belliqueux des chefs Saxons, apporte ses serments à Charlemagne, à la diète d'Attigny, et reçoit le baptême.

788. Charlemagne fait comparaître devant la diète d'Ingelheim Tassillon, duc de Bavière, accusé de trahison ; il y est condamné et son duché réuni à la France.

800. Charlemagne est couronné empereur d'Occident par le pape Léon III.

IXe SIÈCLE.

805. Soumission définitive des Saxons après trente-trois ans de guerre.

810. Mort de Charles et de Pépin, fils de Charlemagne.

814. Louis I, le Débonnaire, succède à Charlemagne son père.

817. Louis partage ses états entre ses trois fils ; il associe Lothaire à l'empire, crée Pépin roi d'Aquitaine, et Louis roi de Bavière.

818. Révolte et supplice de Bernard, roi d'Italie.

819. Louis épouse Judith.

822. Louis se soumet à une pénitence publique à Attigny-sur-Aisne.

C'est à cette époque que l'on fait remonter l'origine du comté de Vermandois donné par Louis-le-Débonnaire à Pépin, fils de Bernard, roi d'Italie.

823. Lothaire est couronné empereur.

829. Louis démembre les apanages de ses fils pour en former un à Charles-le-Chauve.

830. Les fils de Louis-le-Débonnaire se révoltent contre lui, s'emparent de sa personne et le font enfermer dans le monastère de Saint-Médard.

832. Les grands, assemblés à Nimègue, le rétablissent sur le trône.

Incursions et ravages des Normands en France.

833. Nouvelle conspiration des fils de Louis-le-Débonnaire. Ce prince tombé en leur pouvoir est ignominieusement dégradé à la diète de Compiègne.

835. Il est réhabilité à la diète de Thionville.

838. Mort de Pépin roi d'Aquitaine. Louis-le-Débonnaire donne son royaume à Charles ; mais Pépin II revendique la succession de son père.

840. Charles-le-Chauve roi de la France occidentale.

841. L'empereur Lothaire et Pépin II, roi d'Aquitaine, sont battus à Fontenai par Louis-le-Germanique et Charles-le-Chauve.

843. Mort de Judith. Traité de Verdun.

Grande invasion des Normands qui s'avancent jusqu'à Paris.

Création du duché de Bourgogne.

855. L'empereur Lothaire abdique en faveur de ses fils, et meurt peu de temps après.

862. Création du comté de Flandre.

863. Robert-le-Fort, bisaïeul de Hugues Capet, obtient le gouvernement du duché de France.

870. Création du comté d'Anjou.

875. Charles-le-Chauve est couronné empereur.

876. Mort de Louis-le-Germanique, roi de Bavière.

877. Louis II, le Bègue, fils de Charles II, lui succède.

Le capitulaire de Kiersy-sur-Oise consacre l'hérédité des comtés et assure ainsi le triomphe de la féodalité.

879. Louis III et Carloman succèdent à leur père.

882. Mort de Louis III.

884. Mort de Carloman. Charles-le-Gros est appelé à lui succéder au préjudice de Charles-le-Simple.

885. Siége de Paris. Eudes s'y couvre de gloire.

887. Charles-le-Gros est déposé à la diète de Tribur ; Eudes lui succède sur le trône de France.

898. Charles III, le Simple, fils de Louis-le-Bègue, succède à Eudes.

Xᵉ SIÈCLE.

911. Traité de Saint-Clair-sur-Epte, par lequel Charles-le-Simple cède à Rollon, chef des Normands, cette partie de la Neustrie qui, depuis cette époque, s'est appelée Normandie. Création du duché de ce nom.

Rollon épouse Giselle et se fait chrétien.

922. Robert, frère d'Eudes, se révolte contre Charles ; il est sacré à Reims et meurt l'année suivante.

923. Raoul est proclamé roi de France.

Herbert, comte de Vermandois, retient Charles prisonnier dans le château de Péronne.

929. Charles-le-Simple meurt dans sa prison.

936. Mort de Raoul ; le fils de Charles III, Louis IV, d'Outremer, lui succède.

943. Création du comté de Champagne.

954. Lothaire succède à Louis IV, par la protection de Hugues-le-Grand, qui meurt deux ans après.

986. Louis V le Fainéant, dernier roi de la race carlovingienne.

3ᵉ *Race* (*Capétiens*).

987. Hugues Capet, duc de France, monte sur le trône.
988. Il fait couronner son fils Robert.
996. Robert succède à son père Hugues Capet.
998. Le pape Grégoire V excommunie Robert et le force à se séparer de Berthe, qu'il avait épousée quoiqu'elle fût sa parente.

XIᵉ SIÈCLE.

1031. Henri I, fils aîné de Robert, qui avait été sacré roi du vivant de son père, lui succède.
1059. Henri fait reconnaître pour son successeur son fils Philippe.
1060. Philippe I, âgé de sept ans, succède à son père sous la régence de Baudouin, comte de Flandre.
1066. Guillaume, duc de Normandie, fait la conquête de l'Angleterre.
1095. Concile de Clermont. Urbain II y prêche la première croisade.
1099. Prise de Jérusalem par les chrétiens; Godefroi de Bouillon, duc de Lorraine, en est élu roi.
1100. Philippe associe à la royauté son fils Louis-le-Gros.

XIIᵉ SIÈCLE.

1108. Louis VI, le Gros, succède à Philippe I.
Les affranchissements de communes se multiplient sous son règne.
1119. Défaite de Brenneville en Normandie.
1124. Expédition de l'empereur Henri V contre la France. Armement général, l'empereur se retire.
1137. Louis VII, le Jeune, succède à son père.
1142. Guerre contre Thibaut, comte de Champagne. Sac de Vitri.

1147. Seconde croisade, prêchée par saint Bernard.

1152. Louis VII répudie Eléonore d'Aquitaine et perd ainsi les riches provinces qu'elle lui avait apportées en dot.

1154. Louis épouse Constance, fille du roi de Castille.

1160. Louis, après la mort de Constance, épouse Alix, fille de Thibaut, comte de Champagne.

1165. Naissance de Philippe-Auguste.

1179. Louis VII associe son fils à la couronne.

1180. Philippe II, Auguste, succède à son père.

1184. Philippe-Auguste fait paver la ville de Paris et commencer la construction de Notre-Dame.

1190. Troisième croisade. Philippe et Richard Cœur-de-Lion partent ensemble pour cette expédition.

1191. Prise de Saint-Jean-d'Acre par les croisés. Philippe-Auguste revient en France.

1200. Mariage de Louis, fils de Philippe-Auguste, avec Blanche de Castille, fille du roi Alphonse IX.

C'est dans la seconde moitié de ce siècle qu'eut lieu la fondation de l'université de Paris.

XIIIe SIÈCLE.

1202. Quatrième croisade prêchée par Foulques, curé de Neuilly.

Jugement de Jean-sans-Terre par la cour des pairs de France, et confiscation des terres qu'il possédait dans le royaume.

1204. Prise de Château-Gaillard. Réunion de la Normandie à la couronne.

Philippe-Auguste s'empare ensuite de la Touraine, du Maine et de l'Anjou.

Réunion du comté d'Anjou à la couronne.

L'empire Latin fondé à Constantinople par les croisés.

1208. Croisade contre les Albigeois.

1214. Bataille de Bouvines gagnée par Philippe sur Otton IV, empereur d'Allemagne et ses confédérés.

Réunion du comté de Vermandois à la couronne.

1216. Louis, fils de Philippe, est appelé par les barons au trône d'Angleterre, dont il ne jouit que peu de temps.

1217. Cinquième croisade.

1223. Louis VIII, le Lion, succède à son père.
1224. Louis s'empare de la plupart des places qui appartenaient aux Anglais ; il ne leur reste plus en France que la Guienne et Bordeaux.
1226. Louis IX (Saint Louis) monte sur le trône à l'âge de onze ans sous la tutelle et la régence de Blanche de Castille.
1228. Sixième croisade.
1234. Louis IX épouse Marguerite, fille de Raymond Bérenger, comte de Provence.
1242. Batailles de Taillebourg et de Saintes, gagnées par Saint Louis sur Henri III, roi d'Angleterre, et sur le comte de la Marche.
1248. Septième croisade.
Louis accomplit le vœu qu'il avait formé de porter ses armes en Palestine, et part pour la Terre-Sainte.
1249. Prise de Damiette.
1250. Combat de la Massoure.
Saint Louis est fait prisonnier par les Sarrazins ; il est obligé de rendre Damiette pour sa rançon.
1253. Fondation du collége de Sorbonne.
1254. Saint Louis revient de la Palestine.
1259. Traité d'Abbeville par lequel Saint Louis rend au roi d'Angleterre plusieurs des provinces françaises enlevées à son prédécesseur par Philippe-Auguste.
1264. Saint Louis est pris pour arbitre entre le roi d'Angleterre Henri III et ses barons.
1266. Le pape Urbain IV investit Charles d'Anjou, frère de Saint Louis, du royaume de Naples et de Sicile, au préjudice de Conradin.
Bataille de Bénévent.
1270. Huitième croisade.
Saint Louis meurt de la peste à Tunis.
Son fils, Philippe III, le Hardi, traite avec le roi de Tunis et revient en France.
1276. Philippe réunit la Saintonge à la couronne.
1282. Vêpres siciliennes.
1285. Philippe III meurt à Perpignan, en revenant d'une expédition contre le roi d'Aragon.
Il a pour successeur son fils, Philippe IV, le Bel.

1293. Guerre contre le roi d'Angleterre.

1297. Guerre de Flandre.

Victoire de Furnes.

1298. Démêlés avec le pape.

1299. Paix avec l'Angleterre.

Mariage d'Edouard I avec la sœur de Philippe IV, et du prince de Galles avec Isabelle, fille de France.

Gui, comte de Flandre, forcé de se remettre avec ses fils à la discrétion de Philippe-le-Bel, est enfermé dans la tour du Louvre et la Flandre réunie à la couronne par arrêt du Parlement.

1300. Révolte des Flamands.

XIVe SIÈCLE.

1302. Premiers États-généraux en France.

Défaite de Courtrai.

1303. Enlèvement par les satellites du roi de France du pape Boniface VIII, qui meurt peu de temps après.

1304. Philippe-le-Bel gagne sur les Flamands la bataille de Mons-en-Puelle.

1309. Clément V transfère le Saint-Siége à Avignon.

1312. Concile de Vienne : l'ordre des Templiers y est aboli.

1314. Supplice du grand-maître Jacques Molai et de trois autres templiers.

Louis X, le Hutin, succède à son père.

1315. Procès d'Enguerrand de Marigny.

1316. Jean I, fils posthume de Louis-le-Hutin, ne règne que huit jours.

Son oncle, Philippe V, le Long, monte sur le trône et fait déclarer par les États-généraux les femmes exclues de la couronne en vertu de la loi salique.

1330. Les Juifs sont expulsés du royaume.

1322. Charles IV, le Bel, dit le Justicier, dernier roi de la branche des Capétiens, succède à son frère Philippe-le-Long.

1324. Premier prix de poésie décerné par le *collége de la gaie science* de Toulouse, qui prit le nom d'*Académie des jeux floraux*, après la fondation faite en faveur de cette institution par Clémence Isaure.

1327. Érection de la sirerie de Bourbon en duché-pairie en faveur de Louis, fils de Robert, comte de Clermont, sixième fils de saint Louis, et tige de la branche royale de Bourbon.

1328. Philippe VI, de Valois, est déclaré roi, malgré les prétentions d'Edouard III.
Les Flamands sont battus à Cassel.

1329. Le roi d'Angleterre est obligé de venir rendre hommage de la Guienne à Philippe VI.

1337. Rivalité entre la France et l'Angleterre.
Commencement de la guerre de Cent-Ans.

1340. Combat naval de l'Ecluse.

1343. Trève entre les rois de France et d'Angleterre.
La guerre de Bretagne, ou *des deux Jeanne*, se continue sous la conduite de Jeanne-la-Flamande, comtesse de Montfort, et de Jeanne-la-Boiteuse, comtesse de Blois.

1346. Sanglante défaite de Créci.

1347. Prise de Calais; dévouement d'Eustache de Saint-Pierre.

1348. Une peste affreuse ravage la France.

1349. Acquisition du Dauphiné et de la seigneurie de Montpellier.

1350. Jean II, ou le Bon, succède à son père.

1356. Défaite de Poitiers; le roi Jean est fait prisonnier.

1358. Etienne Marcel, prévôt de Paris, est assassiné par Jean Maillard et Pépin des Essarts.

1359. La France est dévastée par les Jacques, les Routiers et les Malandrins.

1360. Traité de Brétigni; le roi recouvre sa liberté.

1361. Réunion à la couronne des duchés de Bourgogne et de Normandie, et des comtés de Toulouse et de Champagne.

1362. Jacques de Bourbon est tué à Brignais en combattant les grandes Compagnies.

1363. Le roi Jean crée duc et souverain de Bourgogne son quatrième fils, Philippe-le-Hardi, tige des ducs de Bourgogne de la seconde race.

1364. Jean meurt prisonnier en Angleterre.
Son fils, Charles V, le Sage, lui succède.

Le jour même du sacre de Charles, la bataille de Cocherel est gagnée par Duguesclin sur le roi de Navarre.

Ce grand capitaine est fait prisonnier par les Anglais quelques mois après la bataille d'Aurai.

1365. Traité de Guérande, qui met fin à la guerre de Bretagne.

1367. Bataille de Navarette.

1368. Bataille de Montiel.

1370. Charles V fait bâtir la Bastille et le château de Saint-Germain-en-Laye.

1378. Charles-le-Mauvais, roi de Navarre, livre Cherbourg aux Anglais.

1380. Mort de Duguesclin au siége de Randan.
Charles VI, le Bien-Aimé, succède à son père; ses oncles gouvernent le royaume pendant sa minorité.

1382. Révolte des Maillotins.
Expédition contre les Flamands qui sont vaincus à la bataille de Rosebèke.

1383. Mort du comte de Flandre; le duc de Bourgogne hérite de ses états.

1385. Mariage de Charles VI avec Isabeau de Bavière.

1388. Le jeune roi gouverne par lui-même.

1392. Assassinat du connétable de Clisson. Démence de Charles VI.

1395. Trève avec les Anglais. Mariage de Richard II, roi d'Angleterre, avec Isabelle, fille de Charles VI.

1396. Gênes se donne à la France.

XV° SIÈCLE.

1404. Mort de Philippe-le-Hardi, duc de Bourgogne; son fils, Jean-sans-Peur, lui succède.

1405. Commencement des brouilleries entre les maisons d'Orléans et de Bourgogne.

1407. Assassinat du duc d'Orléans par les satellites de Jean-sans-Peur.

1410. Bernard, comte d'Armagnac, beau-père du jeune duc d'Orléans, devient le chef du parti d'Orléans ou des Armagnacs. Ce parti et celui des Bourguignons inondent de sang la capitale et les provinces.

1415. Mort du dauphin Louis.
Défaite d'Azincourt. Le duc d'Orléans reste prisonnier des Anglais.
1416. Mort du duc de Berri.
Réunion du duché d'Aquitaine au domaine de la couronne.
1417. Mort du dauphin Jean.
La reine Isabelle, confinée à Tours, est délivrée par le duc de Bourgogne.
1418. Périnet-Leclerc livre les clefs de Paris à la reine et au duc de Bourgogne.
1419. Assassinat de Jean-sans-Peur, sur le pont de Montereau. Son fils, Philippe-le Bon, s'unit aux Anglais.
1420. Traité de Troyes qui déclare le roi d'Angleterre, Henri V, héritier de la couronne de France après la mort de Charles VI, dont il épouse la fille.
1421. Le dauphin Charles gagne la bataille de Baugé en Anjou.
1422. Mort de Henri V et de Charles VI.
Charles VII, le Victorieux, est proclamé roi de France au milieu des montagnes du Velai, et Henri VI dans l'église royale de Saint-Denis.
1423. Le comte de Salisbury gagne sur les généraux de Charles VII la bataille de Cravant.
1424. Nouvelle défaite à Verneuil.
1428. Les Anglais viennent mettre le siége devant Orléans, tandis que le *roi de Bourges* reste plongé dans une honteuse inaction.
Journée des Harengs.
1429. Délivrance d'Orléans par Jeanne d'Arc.
Bataille de Patai.
Sacre de Charles VII à Reims.
1430. Jeanne d'Arc est faite prisonnière à Compiègne.
1431. Supplice de cette héroïne à Rouen.
Couronnement de Henri VI à Paris.
1435. Traité d'Arras entre Charles VII et le duc de Bourgogne, Philippe-le-Bon, qui le reconnaît pour son souverain.
1436. Mariage du dauphin avec Marguerite, fille du roi d'Ecosse.

1437. Entrée de Charles VII à Paris ; il recouvre successivement toutes ses provinces.

1444. Le dauphin Louis gagne sur les Suisses la sanglante bataille de Saint-Jacques.

1453. Combat de Castillon. Les Anglais sont chassés de la Guienne ; la dernière province qui leur restât en France.

1461. Louis XI, que ses révoltes contre son père avaient forcé à chercher un asile à la cour du duc de Bourgogne, succède à Charles VII.

1464. Commencement de la ligue du bien public.

1465. Bataille de Montlhéry ; siége de Paris.
Traités de Saint-Maur et de Conflans.

1467. Mort de Philippe-le-Bon, duc de Bourgogne.

1468. Détention de Louis XI à Péronne.

1469. Il se réconcilie avec son frère et lui donne le duché de Guienne.
Création de l'ordre de Saint-Michel.

1471. Mort du duc de Guienne.

1472. Siége de Beauvais par Charles-le-Téméraire ; héroïsme de Jeanne Hachette.

1473. Réunion à la couronne du duché d'Alençon et des comtés d'Armagnac, de Roussillon et de Cerdagne.

1474. Le duché d'Anjou est réuni à la couronne.

1475. Traité de Picquigni entre la France et l'Angleterre.

1476. Charles-le-Téméraire marche contre les Suisses ; il est battu à Granson et à Morat.

1477. Charles-le-Téméraire essuie une nouvelle défaite près de Nanci, où il périt.
Réunion à la couronne du duché de Bourgogne, de la Franche Comté et du comté d'Artois.
Marie de Bourgogne, héritière de Charles-le-Téméraire, épouse l'archiduc Maximilien d'Autriche. Origine de la rivalité entre la France et la maison d'Autriche.

1479. Bataille indécise d'Enguinegatte.

1480. Organisation du service des postes.

1482. Mort de Marie de Bourgogne. Traité d'Arras.

1483. Charles VIII, âgé de treize ans, succède à son père sous, la régence de sa sœur Anne de Beaujeu.

1488. Bataille de Saint-Aubin-du-Cormier.
1491. Mariage de Charles VIII avec Anne, héritière du duché
     de Bretagne.
1493. Charles VIII ayant pris en main les rênes de l'Etat, rend
     au roi d'Espagne le Roussillon et la Cerdagne, et à
     Maximilien l'Artois et la Franche-Comté.
1494. Expédition de Charles VIII en Italie.
1495. Charles VIII est couronné à Naples ; mais il est bientôt
     obligé d'abandonner le royaume et gagne en revenant
     la bataille de Fornoue.
1498. Charles VIII meurt sans enfants. En lui finit la branche
     directe des Valois.
     Son cousin, le duc d'Orléans, Louis XII, le Père-du-
     Peuple, lui succède.
1499. Louis XII répudie Jeanne, fille de Louis XI, et épouse la
     veuve de Charles VIII.
     Première conquête du Milanais.
1500. Le Milanais perdu et de nouveau reconquis.

XVIe SIÈCLE.

1501. Louis XII s'unit à Ferdinand, roi d'Aragon, pour con-
     quérir le royaume de Naples.
1503. Les Français sont obligés d'évacuer le royaume de Naples
     après la perte de la bataille de Cérignoles.
1505. Mariage de Ferdinand avec Germaine de Foix, à qui
     Louis XII cède la partie du royaume de Naples qui de-
     vait lui appartenir.
1506. Etats de Tours, où Louis XII reçoit le nom de Père-du-
     Peuple.
1508. Ligue de Cambrai contre les Vénitiens.
1509. Victoire d'Agnadel.
1511. Le pape Jules II forme contre Louis XII la *sainte ligue*.
1512. Gaston de Foix, neveu de Louis XII, gagne sur la ligue
     les batailles de Bologne, de Brescia et de Ravenne, et
     trouve la mort au milieu de son triomphe.
1513. Nouvelle alliance de Louis XII et des Vénitiens.
     Ligue de l'Empereur et du roi d'Angleterre contre la
     France.

Journée des Eperons.

1515. François I, le Père des lettres, succède à Louis XII, son cousin, mort sans postérité, et commence la branche des Valois d'Angoulême.

Il passe les Alpes, gagne sur les Suisses la célèbre victoire de Marignan, suivi bientôt de la *paix perpétuelle* conclue avec les cantons Suisses.

Concordat avec le pape.

1519. Mort de l'empereur Maximilien.

Commencement de la rivalité de François I et Charles-Quint.

1521. Première période de la guerre entre François I et Charles-Quint.

1522. Combat sanglant de la Bicoque.

1523. Le connétable de Bourbon passe au service du roi d'Espagne.

1524. François envoie une nouvelle armée en Italie.

Déroute de Romagnano. Mort de Bayard.

Belle défense de Marseille.

1525. Sanglante défaite de Pavie. François I est fait prisonnier.

Mort de la Trémouille et de Chabannes.

1526. Traité de Madrid ; délivrance du roi.

Deuxième période de la guerre entre François I et Charles-Quint.

1527. Le duché de Bourbon, le Dauphiné d'Auvergne, les comtés de la Marche et de Lyon, ainsi que les autres fiefs du connétable de Bourbon, sont réunis à la couronne après la mort de ce prince tué au siége de Rome.

1529. Paix de Cambrai, dite aussi paix des Dames.

François I épouse Eléonore, veuve du roi de Portugal et sœur de Charles-Quint.

1532. Réunion du duché de Bretagne à la couronne de France.

1533. Mariage du fils de François I, depuis Henri II, avec Catherine de Médicis.

1536. Troisième période de la guerre entre François I et Charles-Quint.

Invasion des Espagnols en Provence.

1537. Alliance de François I avec le sultan Soliman II.

1538. Trêve de Nice ; fin de la troisième période de la rivalité de François I et Charles-Quint.

1539. Charles-Quint passe en France pour aller punir la révolte des Gantois.

1541. Quatrième période de la guerre entre François I et Charles-Quint.

1544. Victoire de Cérisoles. Elle force l'empereur Charles-Quint à signer avec François I la paix de Crépi qui met fin à leur rivalité.

1546. Traité d'Ardres entre la France et l'Angleterre.

1547. Henri II succède à son père.

1552. Il s'empare des trois évêchés de Metz, de Toul et de Verdun.

1553. Siége meurtrier mais inutile de Metz par Charles-Quint.

1554. Il est défait à Renti.

1556. Trève de Vaucelles.

1557. Bataille de Saint-Quentin gagnée sur les Français par Emmanuel Philibert, duc de Savoie.

1558. Nouvelle défaite des Français près de Gravelines.
Mariage du dauphin avec Marie Stuart.

1559. Calais est repris aux Anglais.
Paix de Cateau-Cambrésis.
La France conserve les trois Evêchés.
Mariage d'Elisabeth, fille de Henri II, avec le roi d'Espagne, Philippe II, et de Marguerite, sœur du roi, avec le duc de Savoie.
Henri II est blessé mortellement par Montgommery dans un tournoi donné à l'occasion de ces mariages.
François II succède à son père ; mais il laisse toute l'autorité à sa mère, Catherine de Médicis, et aux Guises, oncles de sa femme.

1560. Conjuration d'Amboise contre les Guises, qui s'en vengent par des supplices.
Charles IX, âgé de dix ans, succède à son frère.
Régence de Catherine de Médicis.

1562. Massacre des calvinistes à Vassi.
Commencement des guerres de religion en France.
Mort au siége de Rouen, du roi de Navarre, Antoine de Bourbon, père de Henri IV.

Bataille de Dreux gagnée sur les réformés par le duc de Guise.

1563. Assassinat du duc de Guise au siége d'Orléans.

La guerre civile est suspendue par le traité d'Amboise.

1567. Bataille de Saint-Denis, où les catholiques, vainqueurs des protestants, perdent leur général, le connétable de Montmorency.

1569. Troisième guerre civile ; les protestants perdent encore les batailles de Jarnac et de Moncontour.

1570. Paix de Saint-Germain-en-Laye, qui met fin à la troisième guerre civile.

1572. Mariage du roi de Navarre avec Marguerite de Valois,

Massacre de la Saint-Barthélemi ; mort de l'amiral de Coligny.

Quatrième guerre de religion.

1573. Siége de La Rochelle, où les catholiques perdent quarante mille hommes.

Mort du chancelier de l'Hôpital.

Edit de pacification.

Sancerre ne consent à se rendre qu'après avoir souffert toutes les horreurs d'un siége et de la plus effroyable famine.

1574. Mort de Charles IX.

Son frère, Henri III, quitte le royaume de Pologne, où il régnait depuis neuf mois, et revient en France.

1575. Il épouse Louise de Lorraine, princesse de Vaudemont.

1576. Commencement de la *Ligue* ou *Sainte-Union*.

Premiers États-généraux de Blois.

1579. Création de l'ordre du Saint-Esprit.

1580. Prise de Cahors par le roi de Navarre, Henri de Bourbon.

1584. Ce prince devient héritier de la couronne de France après la mort du duc d'Alençon.

Les ligueurs lui opposent son oncle, le cardinal de Bourbon.

1586. Guerre des trois Henris.

1587. Défaite du duc de Joyeuse par le roi de Navarre à la bataille de Coutras.

1588. Journée des Barricades (12 mai).

Henri III se retire à Chartres et de là à Rouen, où il consent à signer l'édit de *Réunion*.

Seconds États-généraux de Blois.

Assassinat du duc et du cardinal de Guise.

1589. Mort de Catherine de Médicis.

Réunion de Henri III et du roi de Navarre.

Assassinat de Henri III par Jacques Clément.

Henri IV, reconnu roi par une partie de la France, gagne la bataille d'Arques sur le duc de Mayenne, chef de la Ligue.

1590. Bataille d'Ivri et siége de Paris.

1591. Journée des Farines.

1592. Siége de Rouen. Rencontre d'Aumale.

1593. Etats-généraux de Paris ; conférence de Surène.

Abjuration de Henri IV à Saint-Denis.

Tentative d'assassinat sur Henri IV par Pierre Barrière.

1594. Henri IV est sacré dans la ville de Chartres ; il fait son entrée à Paris le 22 mars.

Il est blessé par un écolier nommé Jean Chatel.

Expulsion des Jésuites.

1595. Combat de Fontaine-Française.

Le roi reçoit l'absolution du pape.

1596. Soumission du duc de Mayenne.

Assemblée des notables à Rouen.

1597. Amiens pris par les Espagnols et repris par Henri IV six mois après.

1598. Paix de Vervins signée le 2 mai avec l'Espagne et la Savoie.

Henri IV fait publier l'édit de Nantes en faveur des protestants.

1600. Sully travaille à rétablir l'ordre dans les finances.

Henri IV épouse Marie de Médicis. Guerre de Savoie.

XVIIe SIÈCLE.

1601. Le Bugey et la Bresse sont cédés par le duc de Savoie à la France, en échange du marquisat de Saluces.

1602. Conspiration et condamnation à mort de Biron.

1610. Henri IV forme de grands projets pour affaiblir la puissance de la maison d'Autriche; il est assassiné par Ravaillac.

Louis XIII succède à son père à l'âge de treize ans.

Marie de Médicis est nommée régente par le Parlement. Faveur de Concini.

1614. Première prise d'armes des seigneurs.

Traité de Sainte-Menehould.

Etats-généraux, les derniers qui aient été réunis avant ceux de 1789.

1615. Nouvelle prise d'armes des princes et des seigneurs. Mariage de Louis XIII avec l'infante d'Espagne.

Marie de Médicis fait commencer le palais du Luxembourg, sur les dessins de l'architecte Jacques de Brosse.

1616. Traité de Loudun. Puissance du prince de Condé.

Il est arrêté.

Troisième prise d'armes des seigneurs.

1617. Concini est assassiné par ordre du roi, et sa femme brûlée sur la place de Grève.

La reine-mère est exilée à Blois.

Faveur du duc de Luynes.

1619. Le duc d'Épernon fait évader la reine-mère du château de Blois et se retire avec elle à Angoulême.

1620. Escarmouche des ponts de Cé. Les seigneurs du parti de Marie de Médicis sont battus; mais Richelieu réconcilie le roi avec sa mère qui revient à Paris.

Révolte des calvinistes qui essaient de constituer en France une république protestante.

1621. Siége inutile de Montauban.

1622. La paix de Montpellier termine cette guerre.

1624. Le cardinal de Richelieu, premier ministre du roi de France Louis XIII, commence à mettre à exécution le plan conçu par Henri IV pour l'abaissement de la trop puissante maison d'Autriche.

1625. Mariage du prince de Galles, ensuite Charles I, avec Henriette de France.

Nouveau soulèvement des protestants.

1627. Louis XIII supprime la dignité de connétable à la mort de Lesdiguières.

Commencement du siége de La Rochelle.

1628. Prise de cette ville, où Louis XIII fait son entrée le 1er novembre.

1629. Abaissement total des protestants par la paix d'Alais.

1630. Intrigues dirigées contre le cardinal. Journée des dupes.

1631. La reine-mère se retire dans les Pays-Bas et Gaston en Lorraine.

1632. La forteresse de Pignerol est cédée à la France par le duc de Savoie.

Condamnation et mort du maréchal de Marillac.

Révolte de Gaston. Combat de Castelnaudari. Le duc de Montmorency est pris, condamné à mort et exécuté.

1634. Une ordonnance de Louis XIII fixe le premier méridien à l'île de Fer.

1635. La France commence à prendre une part directe à la guerre de Trente-Ans. Victoire d'Avein.

Richelieu fonde l'Académie Française.

1636. Les Espagnols pénètrent dans le nord de la France ; mais ils sont bientôt repoussés.

1638. Le duc de Weimar gagne sur les Impériaux la bataille de Rhinfeld.

Naissance de Louis XIV.

Prise de Brisach.

1641. Mort du duc de Sully.

Le comte de Soissons est tué à la Marflée.

1642. Premier établissement tenté à Madagascar, et, transporté, douze ans plus tard, à l'île de Bourbon.

Conspiration de Cinq-Mars, qui est décapité avec son ami le jeune de Thou.

Mort de Marie de Médicis.

Mort de Richelieu.

1643. Louis XIV succède à son père à l'âge de quatre ans.

La régence est confiée à la reine-mère Anne d'Autriche.

Ministère de Mazarin.

Le duc d'Enghien (depuis le grand Condé) gagne la bataille de Rocroi.

1644. Fameuses journées de Fribourg.

1645. Défaite de Mariendal ; victoire de Nordlingen gagnée par Turenne et le duc d'Enghien.

1648. Commencement de la guerre de la Fronde.

Bataille de **Lens**, gagnée par Condé **sur les Espagnols**.

Congrès et traités de Westphalie qui mettent fin à la guerre de Trente-Ans.

1650. Arrestation des princes de Condé et de Conti et du duc de Longueville.

Bataille de Rhétel ou de Sommepy,

1651. Le Parlement bannit **Mazarin**. Avant de quitter le royaume, il met les princes en liberté.

Condé lève l'étendard de la révolte.

1652. Combats de Blénau, d'Étampes et du faubourg St-Antoine.

1653. Fin de la guerre de la Fronde.

Mazarin revient à Paris.

1655. L'usage du café est introduit en France.

1657. Traité d'alliance de la France avec Cromwell.

1658. Bataille des Dunes.

1659. Paix des Pyrénées.

1660. Mariage du roi avec l'infante d'Espagne.

1661. Mort de Mazarin.

Louis XIV commence à gouverner par lui-même.

Disgrâce de Fouquet. Administration de Colbert.

1662. Louis XIV rachète aux Anglais le port de Dunkerque.

1663. Fondation de l'Académie des Inscriptions-et-Belles-Lettres.

1666. Mort d'Anne d'Autriche.

Fondation de l'Académie des Sciences.

Guerre pour le droit de dévolution.

1668. Paix d'Aix-la-Chapelle qui met fin à cette guerre.

1670. Traité d'alliance entre la France, l'Angleterre, la Suède, etc., contre la Hollande.

1672. Passage du Rhin au fort de Tolhuis.

Conquête d'une partie des Provinces-Unies. Les Hollandais rompent les digues qui protégent leur pays contre l'irruption de la mer.

1673. Belle campagne d'hiver de Turenne sur le Rhin et le Wéser.

Prise de Maëstricht.

1674. Nouvelle coalition contre la France, qui ne conserve plus pour alliée que la Suède. L'Angleterre reste neutre.

Conquête de la Franche-Comté.

Bataille indécise de Séneffe. Condé arrête la marche du prince d'Orange.

Campagne de Turenne en Alsace.

1675. Combat de Turkheim.

Turenne est tué à Sasbach.

Montecuculli envahit l'Alsace, que Condé le force bientôt à évacuer.

1676. Duquesne bat la flotte hollandaise dans la Méditerranée. Mort de l'amiral hollandais Ruyter.

Prise de Valenciennes par les mousquetaires de la maison du roi.

1677. Victoire de Cassel.

Prise de Saint-Omer.

Belle campagne du maréchal de Créqui.

1678. L'Angleterre déclare la guerre à la France.

Nouveaux succès de la France.

Paix de Nimègue.

1680. Les Français s'emparent de la Louisiane.

1681. Strasbourg est réuni à la France.

1682. Déclaration du clergé rédigée par Bossuet.

1683. Bombardement d'Alger par Duquesne.

Mort de Colbert.

1684. Bombardement de Gênes.

1685. Le doge vient à Versailles faire sa soumission au roi.

Louis XIV, devenu veuf, épouse secrètement madame de Maintenon.

Révocation de l'édit de Nantes.

1686. Mort du grand Condé.

Ligue d'Augsbourg formée contre Louis XIV par l'Empereur et les princes d'Allemagne, les rois d'Espagne et des Indes, les Provinces-Unies, etc.

1688. Incendie du Palatinat.

Louis XIV donne asile au roi d'Angleterre Jacques II, qu'il s'était inutilement efforcé de maintenir sur le trône.

L'Angleterre entre dans la ligue contre la France.

1690. Victoires de Fleurus et de Staffarde.

1691. Prise de Mons.

Déroute des ennemis à Leuze.

1692. Combat naval et désastre de la Hogue.

Victoire de Steinkerque.

1693. Création de l'ordre de Saint-Louis.

Victoires de Neerwinden, de Marsaille et du cap Saint-Vincent.

Les escadres commandées par Dugay-Trouin et Jean Bart et les corsaires français ruinent le commerce des ennemis.

Prospérité de Saint-Malo inutilement bombardé par les Anglais.

1694. Campagne du maréchal de Noailles en Espagne.

1696. Paix de Turin avec le duc de Savoie, qui recouvre Pignerol.

1697. Paix de Ryswyk.

1700. Le duc d'Anjou, petit-fils de Louis XIV, et petit-neveu de Charles II, roi d'Espagne, est institué par ce dernier son héritier à la couronne.

XVIIIe SIÈCLE.

1701. Commencement de la guerre de la Succession d'Espagne.

Défaites de Carpi et de Chiari.

Nouvelle ligue des principales puissances européennes contre Louis XIV.

1702. Victoires de Luzzara et de Friedlingen.

1703. Victoires signalées d'Hœchtædt et de Spire.

1704. Défaite d'Hochstædt.

Prise de Gibraltar par les Anglais.

1705. Victoire de Cassano.

Prise de Barcelone par les alliés. Une grande partie de l'Espagne tombe au pouvoir de l'archiduc Charles, concurrent de Philippe d'Anjou.

1706. Défaites de Ramillies et de Turin. Les Français évacuent l'Italie.

1707. Victoire d'Almanza, qui fait rentrer presque toute l'Espagne sous le sceptre de Philippe V.

Siége inutile de Toulon par le prince Eugène.

1708. Expédition sans résultat en Corse.

Défaite d'Oudenarde.

Prise de Lille par le prince Eugène.

1709. Hiver d'une rigueur extraordinaire suivi d'une affreuse disette.

Détresse financière.

Sanglante bataille de Malplaquet.

Louis XIV demande inutilement la paix.

1710. Victoire de Villaviciosa, qui assure la couronne d'Espagne à Philippe V.

1711. Mort du grand dauphin, suivie de celle de l'empereur Joseph.

1712. Mort du duc de Bourgogne, de son épouse et de leur fils aîné.

Villars gagne la bataille de Denain qui sauve la France.

1713. Paix d'Utrecht entre la France et la plupart des princes confédérés.

1714. Paix de Baden entre la France et l'Empire. Cession à la France de la forteresse de Landau.

1715. Mort de Louis XIV. Son arrière petit-fils, Louis XV, lui succède sous la régence du duc d'Orléans.

1719. Campagne du maréchal de Berwick en Espagne.

1720. Peste de Marseille.

1721. Traité de paix et d'alliance avec l'Espagne.

1723. Louis XV est déclaré majeur.

Mort du duc d'Orléans.

1725. Louis XV épouse Marie Leczinska, fille du roi de Pologne.

1726. Disgrâce du duc de Bourbon-Condé, remplacé par le cardinal de Fleury.

1733. Mort d'Auguste I, roi de Pologne.

Louis déclare la guerre à l'Empereur qui soutenait, contre Stanislas Leczinski, Auguste III, élu roi de Pologne par la protection de la Russie.

1734. Le maréchal de Berwick est tué au siége de Philippsbourg.

Mort de Villars.

Défaite de Parme et victoire de Guastalla.

1738. Traité de Vienne ; paix définitive entre la France et l'Empire.

1741. Alliance de la France et de l'Espagne avec l'électeur de
Bavière contre Marie-Thérèse.

Prise d'Egra par les Français.

Retraite de Prague

1743. Mort du cardinal de Fleury.

1744. Invasion des Autrichiens en Alsace.

1745. Bataille de Fontenoi gagnée par le maréchal de Saxe.

1746. Bataille de Raucoux gagnée par le maréchal de Saxe.

1747. Bataille de Laufeldt gagnée par le même.

Prise de Berg-op-Zoom par le maréchal de Lowendal.

1748. Prise de Maestricht par le maréchal de Saxe.

Paix d'Aix-la-Chapelle.

1751. Fondation de l'École militaire.

1755. Commencement de la guerre de Sept-Ans.

1756. Prise de Minorque par le maréchal de Richelieu.

Bataille de Rosbach gagnée par le grand Frédéric sur le
maréchal de Soubise.

1758. Défaite de Crévelt.

1759. Institution de l'ordre du Mérite militaire en faveur des
protestants.

Batailles de Bergen gagnée par le maréchal de Broglie, et
de Minden, perdue par le maréchal de Contades.

Prise de Québec, capitale du Canada, par les Anglais.

1760. Combat de Clostercamp. Dévouement du chevalier
d'Assas.

Les Anglais se rendent maîtres de tout le Canada.

1761. Prise de Pondichéri par les Anglais.

Pacte de famille entre les différentes branches de la maison de Bourbon.

1762. L'ordre des Jésuites est aboli en France par arrêt du Parlement.

Réunion à la couronne de la principauté de Dombes.

La Louisiane est cédée à l'Espagne.

1763. Traité de paix de Paris entre la France, l'Espagne, le Portugal et l'Angleterre.

1765. Mort du Dauphin, fils de Louis XV.

1766. Mort du roi Stanislas, duc de Lorraine. Réunion de cette
province à la couronne.

1768. Cession de la Corse à la France par la république de Gênes.

1770. Mariage de Louis, petit-fils du roi, avec Marie-Antoinette d'Autriche.

Banqueroute de l'abbé Terray.

1771. Dissolution des parlements qui sont reconstitués par Maupeou.

1774. Louis XV meurt de la petite-vérole. Son petit-fils, Louis XVI, lui succède.

Ministère de Turgot.

Rappel des parlements.

1776. Premier ministère de Necker.

1778. Traité d'alliance entre la France et les États-Unis d'Amérique. Rupture avec l'Angleterre.

Combat naval d'Ouessant.

1781. Compte-rendu et disgrâce de Necker. De Calonne le remplace.

1783. Paix de Versailles entre la France, l'Espagne et l'Angleterre.

1787. Première assemblée des notables à Versailles. Retraite de Calonne, remplacé par le cardinal Loménie de Brienne.

1788. Lutte du cardinal de Brienne et du Parlement.

Seconde assemblée des notables à Versailles.

Arrêt du conseil qui accorde au tiers-état un nombre de représentants égal à celui des deux autres ordres réunis.

Deuxième ministère de Necker.

1789. Pillage de la maison de Réveillon.

Ouverture des États-généraux (9 mai).

Le tiers-état se constitue en Assemblée nationale (17 juin).

Serment du jeu de paume (20 juin).

Séance royale, après laquelle les trois ordres sont réunis dans une même salle (23 juin).

Institution des gardes nationales.

Prise de la Bastille (14 juillet).

Bailly est nommé maire de Paris et Lafayette commandant de la garde nationale.

Commencement de l'émigration.

Abolition de tous les priviléges (nuit du 4 au 5 août).

Ouverture du club des Jacobins.

Journée des 5 et 6 octobre ; le roi est ramené de Versailles à Paris.

Les biens ecclésiastiques sont déclarés propriétés nationales. Création des *assignats*.

1790. Division de la France en quatre-vingt-trois départements.

Suppression des ordres religieux, suivie bientôt de la constitution civile du clergé décrétée par l'Assemblée constituante.

Fête de la *Fédération*, célébrée solennellement au Champ-de-Mars (14 juillet).

1791. Déclaration de l'Assemblée nationale en faveur des hommes de couleur. Elle est bientôt suivie du massacre des blancs à Saint-Domingue.

Fuite du roi, qui est arrêté à Varennes (21 juin) et ramené à Paris.

Révolte du Champ-de-Mars.

Convention de Pilnitz signée entre les puissances étrangères contre la France.

Acceptation de la nouvelle constitution par Louis XVI.

Réunion à la France de la ville d'Avignon et du comtat Vénaissin.

L'Assemblée constituante est remplacée par l'Assemblée législative (1er octobre).

Ministère des Girondins.

1792. La France déclare la guerre à l'empereur d'Allemagne.

Insurrection du 10 août.

Invasion des Prussiens en France.

Massacre des prisons (2 et 3 septembre).

Canonnade de Valmi. Retraite des Prussiens.

Ouverture des séances de la Convention nationale (21 septembre).

Abolition de la royauté.

La République française est proclamée.

Conquête de la Savoie et du comté de Nice.

Prise de Mayence.

Victoire de Jemmapes. Conquête de la Belgique.

La Convention nationale fait le procès à Louis XVI.

1793. Le roi est condamné à mort (17 janvier), et exécuté (21 janvier).

Le comte de Provence (depuis Louis XVIII), qui avait pris à Bruxelles le titre de régent, fait proclamer roi, sous le nom de Louis XVII, le jeune dauphin retenu prisonnier dans la tour du Temple.

Déclaration de guerre faite par la Convention aux puissances étrangères qui, de leur côté, se coalisent contre la France.

Insurrection de la Vendée (10 mars).

Création du *tribunal révolutionnaire* (10 mars), et du *comité de salut public* (6 avril).

Bataille de Neerwinden (18 mars).

Défection de Dumouriez (5 avril).

Proscription des Girondins (31 mai).

Règne de la terreur. Puissance de Robespierre.

La Convention publie la constitution dite de 93 ou de l'an Ier de la république (24 juin).

Assassinat de Marat par Charlotte Corday (13 juillet).

Victoire de Hondscoote (8 septembre).

Lois des *suspects* et du *maximum*.

Établissement du calendrier républicain (6 octobre).

Prise de Lyon par les troupes de la Convention (9 octobre).

La reine, Marie-Antoinette, condamnée à mort par le tribunal révolutionnaire, est exécutée (15 octobre).

Exécution des Girondins (31 octobre), et du duc d'Orléans (6 novembre).

Toulon est repris sur les Anglais (24 décembre), auxquels cette ville avait été livrée quelques mois auparavant. Commencement de l'illustration de Napoléon Bonaparte.

1794. Exécution de Danton, Camille Desmoulins et autres.

Madame Elisabeth, sœur du roi, condamnée à mort par le tribunal révolutionnaire, périt sur l'échafaud.

Funeste bataille navale d'Ouessant.

Bataille de Fleurus gagnée par Jourdan. Entrée des Français à Bruxelles.

Journée des 9 et 10 thermidor. Chute et supplice de Robespierre et de ses adhérents.

1795. Conquête de la Hollande par *Pichegru*.

Traité de paix entre la France et la république des Provinces-Unies.

Mort de Louis XVII au Temple ; son oncle Louis XVIII prend le titre de roi de France.

Quinze cents émigrés débarquent dans la presqu'île de Quiberon et y trouvent presque tous la mort.

La Convention supprime le tribunal révolutionnaire.

Elle publie la constitution dite de l'an III.

Journée du 13 vendémiaire (5 octobre). Victoire des troupes de la Convention commandées par Bonaparte sur les sections de Paris.

Établissement de l'*Institut* des sciences et des arts.

Le *Directoire exécutif* et les deux conseils des *Anciens* et des *Cinq-Cents* remplacent la Convention.

Échange de Madame Royale, fille de Louis XVI, détenue au Temple.

1796. Le général Hoche pacifie la Vendée.

Première et glorieuse campagne du général Bonaparte en Italie.

Il gagne les batailles de Montenotte, de Millesimo, de Lodi, etc.

Armistice de Cherasco et paix avec la cour de Sardaigne.

Soumission du Milanais.

Batailles de Lonato et de Castiglione gagnées par Bonaparte.

Traité d'alliance entre la France et l'Espagne.

Défaite de l'armée de Sambre-et-Meuse par l'archiduc Charles.

Belle retraite de Moreau.

Célèbre bataille d'Arcole gagnée par le général Bonaparte.

1797. Batailles de Rivoli et de la Favorite gagnées par le même.

Prise de Mantoue par les Français.

Révolution à Venise. Les Français entrent dans cette ville.

Révolution du 18 fructidor. Despotisme du Directoire.

Paix de Campo Formio entre la France et l'empereur d'Allemagne.

Inutile congrès de Rastadt.

1798. Réunion de Mulhouse à la France.

Les Français à Rome.

Réunion de Genève à la République française.

Bonaparte s'embarque à Toulon pour son expédition d'Égypte.

Prise de Malte par l'armée navale de Bonaparte.

Les Français débarquent en Egypte et s'emparent d'Alexandrie et de Rosette.

Bataille des Pyramides.

Prise du Caire.

Destruction de la flotte française à Aboukir.

Première exposition des produits de l'industrie française.

Loi de la conscription.

La République française déclare la guerre aux rois de Naples et de Sardaigne.

1799. Entrée des Français à Naples.

Bataille du Mont-Thabor gagnée par Bonaparte.

Siége inutile de Saint-Jean-d'Acre.

Bonaparte défait les Turcs à Aboukir.

L'Italie est reconquise par les Autrichiens.

Belle campagne de Masséna en Suisse; le général russe Souvaroff est forcé à la retraite.

Retour de Bonaparte à Paris.

Révolution du 18 brumaire (10 novembre).

Bonaparte premier consul.

1800. Organisation de la Banque de France.

Victoires du général Moreau en Allemagne.

Passage du mont Saint-Bernard par l'armée française; seconde campagne de Bonaparte en Italie.

Bataille d'Héliopolis.

Bataille de Marengo. Mort de Desaix.

Assassinat du général Kléber en Egypte.

Bataille de Hohenlinden gagnée par Moreau.
Machine infernale dirigée contre le premier consul.

XIXᵉ SIÈCLE.

1801. Paix de Lunéville entre la France et l'Empire.

Concordat signé à Paris entre le pape Pie VII et le premier consul. Rétablissement du culte catholique en France.

Capitulation d'Alexandrie.

Evacuation de l'Egypte par l'armée française.

Le général Leclerc débarque à Saint-Domingue et reçoit la soumission de Toussaint-Louverture; mais l'arrestation de ce chef des nègres fait bientôt éclater une nouvelle insurrection.

1802. Paix d'Amiens entre la France, l'Espagne, la république Batave et la Grande-Bretagne.

Bonaparte est nommé consul pour dix ans (8 mai).

Création de l'ordre de la Légion-d'Honneur.

Bonaparte est nommé premier consul à vie (2 août).

1803. La guerre recommence entre la France et l'Angleterre.

Grands préparatifs faits à Boulogne pour opérer une descente en Angleterre.

Les Français évacuent Saint-Domingue.

1804. Adoption du Code civil par le Corps législatif.

Nouvelle conspiration contre Bonaparte. Arrestation du général Moreau qui est condamné à l'exil.

Le duc d'Enghien, arrêté contre le droit des gens sur le territoire allemand, est amené à Vincennes, condamné à mort par une commission militaire, et fusillé.

Napoléon est proclamé empereur des Français (20 mai).

Il est sacré par le pape (2 décembre).

1805. Il va à Milan recevoir la couronne de fer.

Coalition des puissances étrangères contre la France. Napoléon lève le camp réuni à Boulogne et fait marcher son armée vers l'Allemagne.

Premières victoires remportées sur les Autrichiens.

Capitulation d'Ulm.

Désastreux combat naval de Trafalgar.

Entrée des Français à Vienne (13 novembre).

Bataille d'Austerlitz, dite des Trois-Empereurs, gagnée par Napoléon sur les Autrichiens et les Russes (2 décembre).

Paix de Presbourg.

1806. Rétablissement du calendrier grégorien.

Rupture avec la Prusse.

Victoires d'Iéna et d'Auerstædt (14 octobre).

Napoléon proclame à Berlin le système continental.

Déclaration de guerre de la Russie contre la France.

1807. Sanglante victoire d'Eylau (7 février).

Victoire décisive de Friedland (14 juin).

Paix de Tilsitt (7 juillet).

1808. Rome et tout le royaume de Naples tombent au pouvoir des Français.

Napoléon fait occuper par ses troupes la citadelle de Barcelone en Espagne (29 février).

Napoléon crée une nouvelle noblesse héréditaire (1er mars).

Organisation de l'Université impériale (17 mars).

Entrée d'une armée française à Madrid (24 mars).

Commencement de la malheureuse guerre d'Espagne.

Entrevue des empereurs Napoléon et Alexandre à Erfurth (27 septembre).

Napoléon arrive en Espagne et y remporte plusieurs victoires.

1809. Nouvelle guerre avec l'Autriche.

Bataille d'Eckmuhl (22 avril).

Vienne tombe une seconde fois au pouvoir des Français (13 mai).

Bataille d'Esling (22 mai).

Sanglante mais décisive victoire de Wagram (5, 6, et 7 juillet).

Prise de Flessingue par les Anglais qui en sont bientôt chassés.

Paix de Vienne.

1810. Napoléon répudie l'impératrice Joséphine et épouse Marie-Louise d'Autriche.

Réunion de la Hollande, des villes hanséatiques et du Valais à l'empire français.

1811. Naissance du roi de Rome (20 mars).

1812. Rupture avec la Russie.

L'armée française passe le Niémen (23 juin).

Entrée des Français à Vilna (28 juin).

Bataille et prise de Smolensk (17 août).

Sanglante bataille de la Moskva gagnée par l'empereur Napoléon.

Entrée des Français à Moskou. Incendie de cette ville par les Russes (14 septembre).

Commencement de la funeste retraite de Moskou (15 octobre).

Conspiration de Mallet contre Napoléon à Paris (23 octobre).

Fatal passage de la Bérésina (28 novembre).

Les Français rentrent en Allemagne.

1813. La Prusse se joint à la Russie contre la France.

Victoires de Napoléon à Lutzen (2 mai) et à Bautzen (21 mai).

Inutile congrès de Prague.

L'Autriche déclare la guerre à la France.

L'armée française d'Espagne, défaite par Wellington à Vitoria (21 juin), est forcée de se retirer en France.

Bataille de Dresde (26 août).

Mort de Moreau.

Bataille de Leipzig. Mort du prince Poniatowski.

1814. Entrée des armées confédérées en France (1er et 2 janvier).

Napoléon rend au pape sa liberté (24 janvier).

Victoire de Napoléon à Saint-Dizier (27 janvier).

Combat de Brienne (29 janvier).

Funeste bataille de la Rothière (1er février).

Inutile congrès de Chatillon.

Victoires de Napoléon à Champ-Aubert (10 février), à Montmirail (11 février) et à Château-Thierri.

Victoire de Montereau (18 février).

Sanglante victoire de Craonne (7 mars).

Défaites de Laon (10 mars) et de Fère-Champenoise (25 mars).

Napoléon, vainqueur dans plusieurs combats, est tourné par les innombrables armées confédérées qui s'avancent sur Paris.

Bataille de Paris (30 mars). Le lendemain, les armées alliées occupent cette capitale.

Abdication de Napoléon ; il part pour l'île d'Elbe.

Première restauration des Bourbons.

Louis XVIII est reconnu roi en France, et fait son entrée à Paris (3 mai).

Paix de Paris (30 mai). La France reprend ses limites de 1792 et recouvre une partie de ses colonies.

Charte constitutionnelle octroyée par le roi.

1815. Napoléon quitte l'île d'Elbe, débarque à Cannes et rentre dans Paris le 20 mars.

Les Cent-Jours.

Funeste bataille de Waterloo.

Seconde abdication de Napoléon.

Il tombe au pouvoir des Anglais qui le conduisent à Sainte-Hélène et l'y retiennent captif, de concert avec les autres puissances européennes.

Seconde restauration des Bourbons.

Louis XVIII rentre à Paris le 8 juillet.

Seconde paix de Paris (20 novembre).

La France est réduite à ses limites de 1790, et cent cinquante mille étrangers continuent pendant plusieurs années d'occuper une partie du territoire français.

Le maréchal Ney est condamné à mort et exécuté.

1816. Dissolution de la Chambre des députés.

Nouvelle loi électorale.

1818. Congrès d'Aix-la-Chapelle.

La France paie aux puissances étrangères 1,600 millions de francs et obtient à ce prix l'évacuation de son territoire.

1819. Concordat avec le pape.

Ministère de M. Decazes.

1820. Assassinat du duc de Berri par Louvel.

Ministère du duc de Richelieu.

1821. Mort de Napoléon (5 mai).

M. de Villèle entre au ministère et devient l'année suivante président du conseil.

1823. M. de Chateaubriand entre au ministère.

Campagne du duc d'Angoulême en Espagne.

1824. Loi sur la septennalité de la Chambre des députés.

M. de Chateaubriand est destitué.

Mort de Louis XVIII (16 septembre).

1825. Indépendance de Saint-Domingue reconnue.

Une indemnité d'un milliard est accordée par une loi aux émigrés dépouillés de leurs biens pendant la révolution.

Incendie de la ville de Salins.

1827. M. de Villèle licencie la garde nationale de Paris, et dissout bientôt après, mais sans succès, la Chambre des députés.

Bataille de Navarin.

1828. Ministère Martignac.

1829. Ministère de M. de Polignac.

1830. Adresse des 221. Dissolution de la Chambre des députés.

Conquête d'Alger.

Ordonnances royales qui dissolvent la Chambre des députés non encore réunie, changent la loi électorale et suppriment la liberté de la presse.

Journées des 27, 28 et 29 juillet. *Révolution.*

Louis-Philippe I, nommé d'abord lieutenant général, est bientôt après proclamé roi des Français (7 août).

Charles X quitte la France.

Ministère de M. le comte Molé remplacé, quatre mois après, par celui de M. Laffitte.

Condamnation par la Chambre des pairs des ministres signataires des ordonnances de juillet à une détention perpétuelle.

1831. Ministère de Casimir Périer (13 mars).

Abolition de l'hérédité de la pairie.

1832. Occupation d'Ancône par les troupes françaises (22 février).

Invasion du choléra en France; à Paris seulement il enlève plus de vingt mille personnes en trois mois.

Mort de Casimir Périer. Premier ministère du maréchal Soult, duc de Dalmatie.

La duchesse de Berri arrive en Vendée où son fils est proclamé roi sous le nom de Henri V. Elle est arrêtée à Nantes six mois après, et conduite au château de Blaye.

Sanglante émeute républicaine à Paris, à l'occasion du
convoi du général Lamarque (5 et 6 juin).

Première tentative d'assassinat dirigée contre le roi
Louis-Philippe, sur lequel un coup de pistolet est tiré
par un inconnu.

Prise de la citadelle d'Anvers par une armée française,
sous les ordres du maréchal Gérard (23 décembre).

1833. La duchesse de Berri est renvoyée dans sa famille.

Le gouvernement fait commencer autour de Paris une
enceinte de forts détachés ; mais les craintes qu'excite
cette entreprise le décide à l'abandonner.

1834. M. Thiers entre avec le portefeuille de l'intérieur dans le
ministère, qui éprouve diverses autres modifications,
mais en conservant pour président le maréchal Soult.

Violentes insurrections à Lyon et à Paris (5, 13 et 14 avril).

Dissolution de la Chambre des députés.

Ministère du duc de Bassano (10 novembre), remplacé
huit jours après (18 novembre) par celui du duc de
Trévise, dont font partie MM. Thiers et Guizot.

1835. Modification dans le ministère. Le duc de Broglie devient
président du conseil.

Débats orageux du procès d'avril devant la Cour des
pairs.

Machine infernale de Fieschi dirigée contre le roi pendant
la revue du 28 juillet. Le maréchal Mortier, plusieurs
généraux et d'autres personnes sont tués autour de
lui. Fieschi et ses complices Pépin et Morey sont condamnés à mort et exécutés.

1836. Premier ministère de M. Thiers (22 février).

Nouvel attentat dirigé contre la vie du roi par Alibaud,
qui est condamné à mort et exécuté.

Second ministère de M. le comte Molé (6 septembre).

Tentative faite à Strasbourg par le jeune Louis Napoléon,
neveu de l'empereur, pour s'emparer du gouvernement, au moyen d'une conspiration militaire.

Mort du roi Charles X à Goritz, dans les états de l'empereur d'Autriche (6 novembre).

Première expédition dirigée sans succès contre la ville de
Constantine en Algérie.

Quatrième attentat contre la vie du roi par Meunier. La condamnation à mort prononcée contre l'assassin est commuée par le roi en bannissement perpétuel.

1837. Modification dans le ministère. M. le comte Molé reste président du conseil ; mais M. Guizot et plusieurs de ses collègues cessent d'en faire partie (16 avril).

Amnistie accordée par le roi à tous les condamnés politiques à l'occasion du mariage du prince royal avec la princesse Hélène de Mecklenbourg Schwérin.

Traité de la Tafna. La France abandonne à l'émir Abd-el-Kader la souveraineté d'une grande partie de l'Algérie (30 mai).

Ouverture du Musée historique de Versailles.

Dissolution de la Chambre des députés.

Prise de la ville de Constantine, en Algérie, par l'armée française commandée par le général Valée, qui remplace le général Damrémont tué pendant les premières opérations du siége.

1838. Traité conclu avec la république de *Haïti* ou Saint-Domingue, et qui fixe à une somme de soixante millions payable en trente ans l'indemnité due à la France par cette république.

Prise du fort de *Saint-Jean-d'Uloa* au Mexique par une escadre française commandée par le contre-amiral Baudin.

Les troupes françaises évacuent Ancône.

1839. Nouvelle dissolution de la Chambre des députés. Coalition contre le ministère.

Le ministère Molé se retire et, après des essais infructueux pour en composer un autre, il est provisoirement remplacé par un *ministère intérimaire.*

Emeute républicaine à Paris (12 et 13 mai).

Recomposition définitive du ministère sous la présidence du maréchal Soult.

Rupture du traité de la Tafna par Abd-el-Kader. Une armée française, commandée par le maréchal Valée et le prince royal, traverse la plus grande partie de l'Algérie et le passage des Biban, ou Portes-de-Fer. Les hostilités éclatent sur tous les points.

1840. Cent vingt-trois Français, commandés par le brave capitaine Lelièvre, et formant la garnison de *Mazagran*, en Algérie, résistent victorieusement pendant quatre jours (du 2 au 6 février) à toutes les attaques d'une nombreuse armée arabe. Une récompense nationale est décernée à leur héroïque résistance.

Second ministère de M. Thiers (1er mars).

Le prince Louis Napoléon, neveu de l'empereur, débarque à Boulogne avec une troupe armée, dans l'intention de s'emparer du trône; mais cette nouvelle tentative échoue, et le prince, fait prisonnier, est condamné par la Cour des pairs à une détention perpétuelle.

La France, menacée par une coalition des puissances étrangères (traité du 15 juillet relatif aux affaires d'Orient), fait des armements considérables. Des fortifications sont commencées autour de Paris.

Darmès renouvelle les tentatives d'Alibaud et de Meunier contre la vie du roi.

Troisième ministère du maréchal Soult. M. Guizot reçoit le portefeuille des affaires étrangères (29 octobre).

Inondations à Lyon et dans tout le bassin du Rhône.

Les restes de l'empereur Napoléon rapportés de Sainte-Hélène par le prince de Joinville, l'un des fils du roi, sont déposés sous le dôme des Invalides.

1841. Le recensement de la population et des matières imposables occasionne des troubles sanglants à Toulouse, à Clermont (Puy-de-Dôme), et dans plusieurs autres villes.

Entrée à Paris du 17e régiment d'infanterie légère revenant d'Afrique; un coup de pistolet est tiré sur son colonel, le duc d'Aumale, l'un des fils du roi, par Quénisset, associé d'une des sociétés secrètes organisées contre le gouvernement et l'ordre social.

1842. Plusieurs expéditions dirigées avec habileté par le général Bugeaud, gouverneur de l'Algérie, contre les tribus soumises à Abd-el-Kader, achèvent de ruiner la puissance de l'émir dans ce pays.

LIVRE IX.

HISTOIRE D'ANGLETERRE.

Ve SIÈCLE.

450 - 584. Fondation successive des sept royaumes de l'Heptarchie. (Voir la chronologie des rois de l'Angleterre, pages 9 et 11.)

508. Commencement du règne et des exploits fabuleux du fameux roi des Bretons Arthur.

565. Saint Colomban, fondateur d'un célèbre monastère, vient d'Irlande en Écosse pour y prêcher la religion chrétienne.

596. Ethelbert, roi de Kent, est converti au christianisme par saint Augustin et les autres missionnaires envoyés en Angleterre par le pape saint Grégoire-le-Grand.

VIIe SIÈCLE.

618. Le pape Boniface V envoie à Edwin, roi de Northumberland, des présents pour l'engager à se faire chrétien.

627. Le christianisme se répand en Angleterre.

VIIIe SIÈCLE.

Vers 701. Commencement des incursions des Danois en Angleterre.

793. Offa, roi d'Essex, va à Rome et s'engage à payer au pape le *denier de saint Pierre*.

IXe SIÈCLE.

827. Egbert fonde le royaume d'Angleterre par la réunion

sous son sceptre de tous les royaumes de l'Heptarchie.

852. Victoire d'Ockley sur les Danois.

855. Etablissement de la dîme en faveur du clergé.

856. Ethelwof épouse Judith de France.

866. Ravages des Danois en Angleterre.

871. Ils gagnent la bataille de Witingham sur Ethelred, qui meurt de ses blessures.

872. Défaite d'Alfred à Wilton.

877. Les Danois sont maîtres de toute l'Angleterre, et Alfred réduit à se cacher.

878. Alfred-le-Grand gagne sur les Danois la bataille d'Eddington et recouvre son royaume.

Xe SIÈCLE.

907. Edouard, l'Ancien, réunit sous son sceptre toutes les parties de l'Angleterre.

938. Victoire de Brunanburgh gagnée sur les Écossais par le roi Athelstan.

Ce prince accorde la noblesse à tout négociant qui aura fait sur mer deux voyages de long cours.

946. Edmond I est assassiné par Léof.

Edred, son successeur, prend pour ministre le fameux saint Dunstan.

978. Assassinat d'Edouard le martyr.

991. Nouvelles invasions danoises. Ethelred II achète leur retraite à prix d'argent.

998. Descente en Angleterre de Suénon, roi de Danemark, et d'Olaüs, roi de Norvège, qui ne se retirent qu'après avoir ravagé tout le pays.

XIe SIÈCLE.

1001. Etablissement du *Danegeld* ou impôt pour le tribut à payer aux Danois.

1002. Massacre des Danois par Ethelred II.

1014. Prise de Londres par Suénon, roi de Danemark, qui s'y fait proclamer roi d'Angleterre.

1015. Ethelred II rentre dans Londres ; mais le **royaume reste** partagé entre lui et Canut, fils de Suénon.

1016. Edmond, *Côte-de-Fer*, succède à son père Ethelred, et, après avoir inutilement combattu pour recouvrer ses états, il consent à les partager avec Canut.

1017. L'assassinat d'Edmond II laisse Canut seul **maître de** l'Angleterre.

1066. Victoire remportée par Harald II à Stamfordbridge sur son frère Tosti et sur son allié le roi de Norvège, Harald IV.

Descente de Guillaume-le-Conquérant en Angleterre.

Bataille de Hastings. Mort de Harald II.

Conquête de l'Angleterre par les Normands.

1078. Construction de la tour de Londres.

1079. Etablissement de la cour de l'échiquier, de la chancellerie et des cours de justice.

1097. Fondation de Westminster et du pont de Londres.

XII⁰ SIÈCLE.

1106. Le roi Henri I défait son frère Robert, duc de Normandie, à la bataille de Tinchebrai, et unit le duché de Normandie à la couronne d'Angleterre.

1107. Démêlés avec le pape.

1135. Guerre entre Etienne et Mathilde, fille de Henri I, qui réclame la couronne.

1141. Défaite et captivité d'Etienne à Lincoln.

1153. Descente de Henri II, Plantagenet, à Wareham.

1170. Assassinat de Thomas Becket, archevêque de Canterbury.

1172. Conquête de l'Irlande par Henri II.

1190. Croisade de Richard, Cœur-de-Lion.

1192. Défaite de Saladin. Richard revient en Europe ; mais il est retenu prisonnier par Léopold d'Autriche et Henri VI.

1194. Richard recouvre sa liberté. Blondel.

XIII⁰ SIÈCLE.

1203. Jean-Sans-Terre assassine son neveu.

1207. Le pape donne l'Angleterre au roi de France.
       Révolte des barons.
1213. Jean soumet son royaume au pape.
1215. Grande charte des libertés anglaises.
1216. Descente de Louis de France.
1217. Bataille de la foire de Lincoln.
1242. Défaite de Henri III à Lewes. Origine des communes.
       Premier Alderman à Londres.
1265. Victoire de Henri III à Evesham.
1283. Conquête du pays de Galles. Edouard I.
1297. Invasion d'Edouard 1 en Ecosse.
1298. Victoire de Falkirck sur Wallace.

XIV SIÈCLE.

1305. Wallace est pris par Edouard I, qui le fait mettre à mort.
1314. Défaite d'Edouard II à Bannock-Burn.
1319. Fondation de l'université de Dublin.
1321. Défaite d'Edouard II à Blackmore.
1327. Déposition et assassinat d'Edouard II.
1340. Edouard III prend le titre de roi de France.
       Victoire navale de l'Ecluse sur les Français.
1346. Victoire de Créci. Premier usage du canon.
1347. Prise de Calais par Edouard III.
1356. Victoire de Poitiers. Jean-le-Bon prisonnier.
1400. Assassinat de Richard II dans sa prison.

XV SIÈCLE.

1415. Victoire d'Azincourt. Conquête d'une grande partie de la
       France.
1420. Traité de Troyes. Henri V épouse Catherine.
1431. Henri VI est couronné à Paris.
1455. Guerre des deux roses ; *rose rouge*, Lancastre, et *rose
       blanche*, York.
       Richard, duc d'York, soutient ses droits à la couronne ;
          vainqueur à Saint-Alban, il fait le roi prisonnier et se
          contente du titre de Protecteur.
1460. Défaite de Henri VI à Northampton.

Le Parlement déclare Richard héritier du trône, au préjudice du fils de Henri.

Richard est vaincu à la bataille de Wakerfield, gagnée par la reine.

1471. Edouard gagne la bataille de Tewkesbury ; la maison de Lancastre est exterminée, à l'exception de *Henri Tudor*, qui se sauve en Bretagne.

1483. Déposition d'Edouard V par Richard.

1485. Avénement de la maison de *Lancastre-Tudor*.

Henri VII, Tudor, épouse Elisabeth d'York.

Réunion des deux roses.

1497. Découverte de la Floride par Cabot ; les Anglais en prennent possession.

XVIe SIÈCLE.

1509. Henri VIII succède à son père, et épouse Catherine d'Aragon.

1513. Bataille de Flowden-field ; le roi d'Ecosse, Jacques IV, y perd la vie.

1516. Thomas Wolsey, cardinal et premier ministre du roi, l'engage dans le parti des Français.

1520. Henri VIII abandonne François I pour s'unir à Charles-Quint.

1532. Henri VIII répudie Catherine d'Aragon pour épouser Anne de Boleyn.

Il se sépare du pape, supprime les annates et défend les appels à Rome.

1534. Il se fait déclarer par le Parlement *chef suprême de l'église d'Angleterre*, et établit le serment de suprématie.

1536. Henri VIII fait décapiter sa femme, Anne de Boleyn, mère d'Elisabeth, fait déclarer non valable son mariage avec elle, et épouse Jeanne de Seymour, qui meurt en couches l'année suivante.

1540. Henri VIII épouse Anne de Clèves, qu'il répudie bientôt pour épouser Catherine Howard.

1542. Supplice de Catherine Howard.

Henri VIII attaque l'Ecosse ; l'armée écossaise prend la

fuite près du golfe de Solway ; Jacques V désespéré tombe malade et meurt ; sa fille, **Marie Stuart**, âgée de cinq jours, lui succède sur le trône d'Ecosse.

1547. Edouard VI, âgé de neuf ans, succède à son père. Régence du duc de Sommerset qui prend le titre de Protecteur.

1553. Edouard VI désigne pour lui succéder Jeanne Gray, à l'instigation de l'ambitieux beau-père de celle-ci, le duc de Northumberland

Marie, que son frère avait voulu exclure du trône, est reconnue volontairement par la nation anglaise, et fait mettre à mort Jeanne Gray et ses adhérents.

1554. Elle épouse Philippe II d'Espagne, rétablit la religion catholique et fait subir aux protestants de sanglantes persécutions.

1558. Elisabeth, reconnue, après la mort de sa sœur, reine d'Angleterre, à l'exclusion de Marie Stuart, rétablit la religion anglicane.

1561. Marie Stuart, veuve du roi de France François II, revient en Écosse. Préventions suscitées contre elle.

1565. Elle épouse son parent Henri Darnley.

1567. Assassinat de Darnley. Marie consent à donner sa main à Bothwell, soupçonné d'être l'un des assassins du roi. Révolte générale. Marie, retenue prisonnière par les lords à Lochleven, est forcée de résigner la couronne.

1568. Elle vient chercher une retraite en Angleterre.

1572. Exécution du duc de Norfolk.

1587. Marie Stuart est condamnée à mort et exécutée par ordre d'Elisabeth.

1588. La flotte, dite invincible *Armada*, dirigée par les Espagnols contre l'Angleterre, est anéantie par les tempêtes et les attaques des escadres anglaises.

Prospérité et puissance de l'Angleterre sous Elisabeth.

XVIIe SIÈCLE.

1601. Exécution du duc d'Essex.

1604. Conspiration des poudres, attribuée à quelques seigneurs catholiques. A cette occasion, le Parlement prescrit le fameux serment d'allégeance, qui dénie au pape le droit de déposer le roi d'Angleterre.

1603. Jacques VI, roi d'Écosse, succède en Angleterre à Elisabeth, sous le nom de Jacques I.

1606. Jacques I favorise par des priviléges extraordinaires le défrichement de la Virginie septentrionale et méridionale, qui forme aujourd'hui une grande partie des États-Unis d'Amérique.

1610. L'Anglais Henri Hudson découvre la baie qui porte son nom.

1625. Charles I monte sur le trône ; mais il perd bientôt, par sa conduite imprudente, l'affection de la nation anglaise.

1628. Commencements d'Olivier Cromwell.
Charles I veut gouverner sans l'assistance du Parlement, et soulève ainsi contre lui une résistance presque générale.

1637. Les Écossais signent pour la défense de leur foi le traité d'alliance connu sous le nom de *Covenant*.

1640. Réunion du *Long-Parlement*, qui enlève au roi toutes ses prérogatives.

1642. Charles I se retire à York ; le Parlement envoie des troupes contre lui.

1644. Le roi, défait à Marstonmoor et à Naseby, s'enfuit dans le camp des Écossais qui le livrent au Parlement.

1648. Charles I est condamné à mort par le Parlement réduit par Cromwell à quelques membres.

1649. Charles I est exécuté.
République anglaise.

1650. Cromwell bat les Écossais à Dunbar.

1651. Il publie l'*Acte de navigation*.
Les Anglais prennent possession de l'île de Sainte-Hélène, découverte cinquante ans auparavant par les Portugais.

1653. Olivier Cromwell est proclamé par son conseil de guerre *Protecteur* de la république d'Angleterre, d'Écosse et d'Irlande.

1654. Paix de Westminster avec la Hollande.

1655. Conquête de la Jamaïque sur les Espagnols.

1658. Mort d'Olivier Cromwell. Son fils Richard est proclamé Protecteur à sa place; mais il est obligé de se démettre l'année suivante.

1660. Restauration des Stuarts. Le général Monk rétablit la monarchie et fait proclamer à Londres le roi Charles II.

1666. L'usage du thé s'introduit en Angleterre.

1669. Mesures despotiques suggérées au roi par son ministère; mécontentement de la nation.

1679. Le Parlement adopte le bill du *Test*, ainsi que l'acte d'*Habeas corpus*.

1685. Jacques II succède à son frère et indispose la nation par son zèle imprudent pour la religion catholique.

1688. Guillaume de Nassau, prince d'Orange, époux de la princesse Marie, fille de Jacques II, est appelé par la nation en Angleterre.
Jacques II se réfugie en France.

1689. Guillaume est proclamé roi et signe la *Déclaration des droits*. La *Glorieuse révolution* est ainsi accomplie par l'expulsion définitive des Stuarts.

1690. Jacques II, débarqué en Irlande, est complétement défait à la bataille de la Boyne, et se retire en France.

XVIIIe SIÈCLE.

1701. L'acte de succession, qui exclut les catholiques du trône, assure pour l'avenir à la maison de Hanovre la couronne d'Angleterre.

1703. Commencement des brillants succès de Malborough dans les Pays-Bas.

1704. Prise de Gibraltar.

1707. Union de l'Angleterre et de l'Écosse en un seul parlement.

1710. Changement de ministère; les wighs sont remplacés par les tories.

1714. Georges I succède à la reine Anne sur le trône de la Grande-Bretagne; avénement de la maison de Hanovre.

1716. Deuxième descente du prétendant en Ecosse.

1745. Descente du prince Edouard dans ce même pays.

1746. Il est battu à Culloden.

1756. Commencement des grandes conquêtes des Anglais dans les Indes-Orientales.

1757. Guillaume Pitt premier ministre.

1759. Conquête du Canada ; elle est achevée l'année suivante.

1763. A la paix de Paris, tout le Canada, ainsi que les Florides, passent sous la domination des Anglais.

1764. Lord Granville fait décider une augmentation sur les droits de douane dans toutes les colonies de l'Amérique du Nord, et établit la taxe du timbre ; les colons refusent de la payer.

1775. Commencement de la guerre des colonies anglaises de l'Amérique du Nord contre la métropole. Washington reçoit le commandement en chef.

1776. Les États-Unis de l'Amérique du Nord se déclarent indépendants.

1782. William Pitt entre au ministère.

1783. Paix de Versailles entre l'Angleterre, la France et l'Espagne, et de Paris entre l'Angleterre et les Etats-Unis. L'Angleterre reconnaît l'indépendance des États-Unis.

William Pitt, premier ministre à vingt-quatre ans.

1788. Fondation à Botany-Bay d'un établissement destiné à recevoir les criminels.

1792. Guerre contre la France.

1795. Prise de Ceylan, du cap de Bonne-Espérance, et dans la suite de presque toutes les possessions de la Hollande dans les Indes-Orientales.

1798. Victoire navale d'Aboukir en Egypte.

1800. Union de l'Irlande et de la Grande-Bretagne en un seul parlement.

XIXᵉ SIÈCLE.

1801. Pitt quitte le ministère ; Addington lui succède.

1802. Traité de paix d'Amiens entre l'Angleterre et la France (25 mars), mais la guerre recommence quatorze mois après (18 mai).

1804. Pitt rentre au ministère.

1805. Victoire navale de Trafalgar. Mort glorieuse de l'amiral Nelson.

1807. Bombardement de Copenhague.

1811. Le Parlement défère au prince de Galles la régence du royaume pendant la démence du roi Georges III.

1814. Paix générale en Europe.

1815. Bataille de Waterloo.

1816. Mariage de la princesse Charlotte avec le prince Léopold de Saxe-Cobourg.

1817. Suspension de l'acte d'*habeas corpus*, nécessitée par les troubles suscités en Angleterre et en Irlande ; cette suspension est levée l'année suivante.

1820. Mort de Georges III ; son fils Georges IV lui succède. Procès de la reine Caroline.

1821. Mort subite de cette princesse.

1822. Mort du ministre Castelreagh ; il est remplacé par lord Canning.

1827. Mort de lord Canning. Goderich lui succède ; peu de temps après il est supplanté par Wellington.

1829. O'Connel, premier membre catholique du Parlement, demande l'abolition de l'Union et un Parlement particulier pour l'Irlande

1830. Mort de Georges IV ; son frère Guillaume IV lui succède. Après la révolution de France, Wellington quitte le pouvoir ; lord Grey lui succède.

1832. Lord Grey fait adopter la *réforme*.

1834. Sir Robert Peel premier ministre.

1835. Le ministère de lord Melbourne remplace celui de Robert Peel.

1837. Mort du roi Guillaume IV. Séparation des couronnes d'Angleterre et de Hanovre. Victoria est proclamée reine d'Angleterre.

1838. Soulèvement dans le Canada contre le gouvernement de la métropole, qui est obligée de soumettre les révoltés par la force des armes.

1839. Conquête de l'Afghanistan par une armée anglaise. Commencement des démêlés avec la Chine.

1840. Mariage de la reine Victoria avec le prince Albert de Saxe-Cobourg-Gotha.

1841. Sir Robert Peel rentre au ministère.

Guerre contre la Chine. Désastres éprouvés par les armées anglaises dans l'Afghanistan.

1842. Achèvement du tunnel ou passage souterrain entrepris sous la Tamise par l'ingénieur français Brunel, en 1825.

TABLE DES MATIÈRES.